Zwischenfrüchte
im umweltgerechten Pflanzenbau

Lehrbuch des Pflanzenbaues

Band 1: Grundlagen

ISBN 3-7862-0119-6

Format: 15,5 x 23,3 cm, 816 Seiten, vierfarbiger Umschlag, Kunstdruck, DM 89,– € 45,50

Herausgeber dieses zweibändigen Lehrbuches sind Prof. Dr. Norbert Lütke Entrup und Prof. Dr. Jobst Oehmichen. In Band 1 stehen die Grundlagen der Boden- und Pflanzenbauwissenschaften im Vordergrund. Neben diesen und neuen Forschungsergebnissen nimmt die praktische Anwendung bodenkundlichen und pflanzenbaulichen Wissens breiten Raum ein. Ebenso wird dem zunehmenden Umweltbewusstsein und der Bedeutung des Bodenschutzes in diesem Lehrbuch Rechnung getragen.

Die Kapitel im Einzelnen:
- Ökologie und Pflanzenbau
- Bodenkunde
- Bodenschutz
- Meliorative Bodenbearbeitung
- Biologische Grundlagen des Pflanzenbaues
- Ertragsbildung der Kulturpflanzen
- Fruchtfolge
- Pflanzenernährung und Düngung
- Grundlagen und Anwendung der Agrarmeteorologie im Pflanzenbau
- Pflanzenzüchtung – Klassische und moderne Methoden
- Saatguterzeugung, Saatgutbereitung, Saatgutanerkennung
- Feldversuchswesen

Die Herausgeber wenden sich mit dem „Lehrbuch des Pflanzenbaues" in erster Linie an Studierende der Agrarwissenschaften an Universitäten und Fachhochschulen, um ihnen auf wissenschaftlicher Grundlage eine praxisnahe Gesamtdarstellung des Pflanzenbaues zu vermitteln. Gleiches gilt für Schüler an Fachschulen, Höheren Landbauschulen und Berufsbildenden Schulen. Aber auch interessierte Landwirte und alle in Lehre, Beratung und Verwaltung der Landwirtschaft und des Gartenbaues tätigen Fachkräfte finden in den Lehrbüchern neue Erkenntnisse der pflanzenbaulichen Forschung.

Nicht zuletzt wenden sich die Lehrbücher auch an ein breites Publikum ohne vertiefte Kenntnisse in pflanzenbaulichen Fachdisziplinen. Ganzheitliche Denkweisen und das Erschließen von Zusammenhängen führen dazu, dass immer stärker auch nicht landwirtschaftliche Fachkreise wie Natur- und Umweltschutz, Ernährungswissenschaften, das Kulturingenieurwesen, die Wasserwirtschaft, Raumplanung und Geographie landwirtschaftliche Literatur nachfragen.

Zwischenfrüchte im umweltgerechten Pflanzenbau

Prof. Dr. Norbert Lütke Entrup

Universität GH Paderborn, Fachbereich 9 Agrarwirtschaft,
Postfach 14 65, 59474 Soest

Auswertungs- und Informationsdienst für Ernährung, Landwirtschaft und Forsten (aid) · Bonn

Verlag Th. Mann · Gelsenkirchen

1060/2001

Herausgegeben vom
Auswertungs- und Informationsdienst
für Ernährung, Landwirtschaft und Forsten (aid) e.V.
Friedrich-Ebert-Str. 3, 53177 Bonn
Internet: http://www.aid.de
E-Mail: aid@aid.de
mit Förderung durch das
Bundesministerium für Verbraucherschutz,
Ernährung und Landwirtschaft.

Verlag Th. Mann,
Nordring 10, 45894 Gelsenkirchen

Die inhaltliche Gesamtverantwortung liegt – unbeschadet
möglicher Kooperationen – allein beim aid.

Text:
Prof. Dr. Norbert Lütke Entrup

Redaktion:
Dr. Joachim Engelberth, aid
Dr. Heinz-Peter Pütz, AgroConcept GmbH

Bilder:
AgroConcept (76),
Deutsches Maiskomitee e.V. (2),
DSV – Deutsche Saatveredelung (6),
DUTZT (1),
Feldsaaten Freudenberger (2),
LEHNER AGRAR (1),
SAATEN-UNION (1)

Gestaltungskonzept:
AgroConcept GmbH
Clemens-August-Straße 12–14, 53115 Bonn

Druck:
Buersche Druckerei Dr. Neufang KG
Nordring 10, 45894 Gelsenkirchen

Nachdruck – auch auszugsweise – sowie Weitergabe mit
Zusätzen, Aufdrucken
oder Aufklebern nur mit Genehmigung
der Herausgeber gestattet.

ISBN 3-8308-0161-0

Inhalt

1	**Einleitung**	8
2	**Nachhaltige Entwicklung/ Integrierter Landbau**	10
3	**Allgemeine Bedeutung des Zwischenfruchtbaues**	12
4	**Formen und Ansaatverfahren für Zwischenfrüchte**	16
4.1	Formen des Zwischenfruchtbaues	16
4.1.1	Sommerzwischenfruchtbau	16
4.1.2	Winterzwischenfruchtbau	16
4.2	Ansaatverfahren für Zwischenfrüchte	18
4.2.1	Stoppelsaaten (Blanksaaten)	18
4.2.2	Untersaaten in Deckfrüchte	20
5	**Stoppel- oder Blanksaaten**	22
5.1	Pflanzenarten und Anbauhinweise für Sommerzwischenfrüchte	22
5.1.2	Gräser und Kleearten	22
5.1.3	Kreuzblütler	26
5.1.4	Grobleguminosen	32
5.1.5	Sonstige Stoppelsaaten	34
5.2	Pflanzenarten und Anbauhinweise für Winterzwischenfrüchte	36
5.2.1	Gräser und Leguminosen, Artengemische	36
5.2.2	Kreuzblütler	39
6	**Pflanzenarten und Anbauhinweise für Untersaaten**	40
6.1	Untersaaten in Getreide	40
6.2	Untersaaten in Mais	45
6.3	Untersaaten in Körnerleguminosen	46

1 Einleitung

Der Sommer- und Winterzwischenfruchtanbau liefert wertvolles wirtschaftseigenes Futter

D er Anbau von Futter- und gleichzeitig auch von Begrünungspflanzen mit zum Teil sehr hohen Rückständen an organischer Substanz ist ein typisches Merkmal der Einführung des Fruchtfolgesystems der „Verbesserten Dreifelderwirtschaft" etwa ab Mitte des 18. Jahrhunderts. Leguminosen (vor allem Rotklee) und andere Futterpflanzen, wie Gräser und Futterhackfrüchte, verbesserten in der Folgezeit die nachhaltige Ertragsfähigkeit der Böden, steigerten die Erträge, verbesserten die Futtergrundlage und die Leistungen der Tiere sowie die Einkommenssituation der Betriebe. Über die Stallmistdüngung, vielseitige Fruchtfolgen und später ergänzt durch die mineralische Düngung konnte die Bodenfruchtbarkeit ständig verbessert werden. Über das heute meist vorhandene hohe Maß der Bodenfruchtbarkeit verfügen wir somit erst seit relativ kurzer Zeit mit der Verpflichtung, die Leistungsfähigkeit der Böden für nachfolgende Gene-

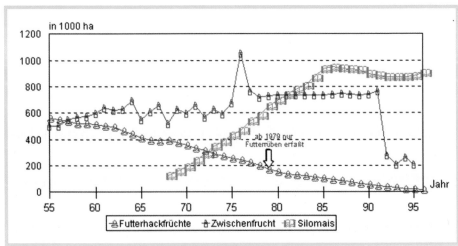

Abb. 1: Futterfrüchte (Hackfrucht, Zwischenfrucht, Silomais) in den Jahren 1955–1996 (alte Bundesländer) (Quelle: Statistisches Jahrbuch über Ernährung, Landwirtschaft und Forsten, Jhrg. 1–40)

rationen und gleichzeitig weltweit steigendem Nahrungsmittelbedarf zu erhalten und weiter zu verbessern.

Seit Mitte des 20. Jahrhunderts sind in der pflanzlichen Produktionsstruktur durch landtechnische, züchterische und chemische Entwicklungen drastische Veränderungen festzustellen. Diese wurden zusätzlich gefördert durch ökonomisch motivierte Anpassungsprozesse hinsichtlich der Betriebsstrukturen und der Zahl der Beschäftigten in der Landwirtschaft. Fruchtfolgen veränderten sich durch den ökonomisch sinnvollen Anbau einiger weniger Kulturpflanzen, die Viehhaltung in bevorzugten Ackerbauregionen wurde aufgegeben oder einseitiger ausgerichtet, manche Futterpflanzen des Hauptfruchtfutterbaues wurden – z. T. sehr stark – eingeschränkt oder durch den ab Ende der 60er Jahre zunehmend erfolgreichen Maisanbau abgelöst.

Die ökonomische Präferenz des Marktfruchtbaues veranlasste gleichzeitig viele Betriebe, die Hauptfruchtfutterfläche einzuschränken und die erforderliche Futtertrockenmasse über Zusatzfutterflächen mit Hilfe des Sommer- und Winterzwischenfruchtbaues sicherzustellen. Die technische Schlagkraft der Betriebe erlaubte insbesondere die Ausdehnung der Stoppelsaaten nach Getreide, während Untersaaten in der Bedeutung zurückfielen. Futterzwischenfrüchte wurden bis Anfang der 90er Jahre auf etwa 750.000 – 800.000 ha (Abbildung 1) angebaut, begünstigt durch die züchterische Bearbeitung der wirtschaftlich interessanten Gräser, Leguminosen und Kreuzblütler. Ergänzt wird dieser Futterzwischenfruchtbau noch durch verschiedene Gründüngungspflanzen (z. B. Senf, Ölrettich), deren Anbauumfang zwar bedeutsam ist, aber dennoch statistisch nicht erfasst wird.

Seit der Einführung der EU-Agrarreform 1992 ist ein deutlicher Einbruch der Anbaufläche für Futterzwischenfrüchte festzustellen. Das politische Instrument der Flächenstilllegung in Verbindung mit der Einschränkung des Anbaues von früh zu erntenden Getreidevorfrüchten erschwerte den Anbau von Stoppelsaaten. Der Futter-Zwischenfruchtanbau wurde in sehr kurzer Zeit auf die heutige Anbaufläche von etwa 250.000 ha in der Bundesrepublik Deutschland einge-

schränkt. Forciert wird diese Entwicklung durch den Strukturwandel in der Milchviehhaltung, durch steigende Herdengrößen mit überwiegender Stallhaltung und durch Anforderungen an die Homogenität von Futterrationen für Hochleistungstiere im Jahresablauf. Die Beweidung von Futterzwischenfrüchten wird dadurch problematischer, bei der Futterkonservierung fallen etwa 20 – 25 m³ Sickersaft an, die aufgefangen und auf Ackerflächen verbracht werden müssen. Der Preisverfall des Getreides begünstigt den Kraftfuttereinsatz, die Prämienregelung bei Silomais führt zu relativ preiswerten Kosten je Nährstoffeinheit. Zukünftig

Zwischenfrüchte nehmen in umweltgerechten Anbausystemen eine Schlüsselrolle ein

wird dem Sektor der Begrünungspflanzen eine größere Bedeutung zukommen, da Anforderungen des Boden- und Umweltschutzes diesen Trend vorzeichnen. Damit erhält der Zwischenfruchtbau eine Schlüsselfunktion in umweltgerechten Anbausystemen, um negative Auswirkungen enger Fruchtfolgen und spezifischer Früchte in etwa zu kompensieren. Von Bedeutung sind grundsätzlich lange Zeiten der Bodenruhe unter dem Schutz einer Pflanzendecke, um die Bodenstruktur und das Bodenleben und damit die Bodenfruchtbarkeit zu verbessern. Konservierende Bodenbearbeitung und Zwischenfruchtbau sind deshalb untrennbar miteinander verbunden.

2 Nachhaltige Entwicklung / Integrierter Landbau

Das Leitbild der „Nachhaltigen Entwicklung", wie es in der AGENDA 21 von 1992 (Konferenz der Vereinten Nationen für Umwelt und Entwicklung, Rio de Janeiro) formuliert ist, kann praktisch auf alle Gesellschaftsbereiche übertragen werden. Im landwirtschaftlichen Sektor wird der Begriff „Nachhaltige Landwirtschaft" verwendet. Grundsätzlich stehen ökonomische, ökologische und soziale Ziele unter Einbeziehung der Ansprüche der nachfolgenden Generationen und der weltweiten Ernährungssicherung im Vordergrund. Hohe Produktivität in der Erzeugung von Nahrungs- und Futtermitteln sowie von Rohstoffen und Nachhaltigkeit sind deshalb sich ergänzende Ziele. Dieses muss aber einhergehen mit einer ständig weiter zu entwickelnden Verbesserung der Umweltverträglichkeit der Produktionsverfahren und der Schonung der Ressourcen Boden, Wasser, Luft und der Biodiversität. Hohe Ernteerträge je Hektar und eine möglichst hohe Effizienz der eingesetzten Produktionsmittel (Dünger, Pflanzenschutzmittel, fossile Brennstoffe u. a.) je erzeugter Einheit (dt Getreide, Raps, Kartoffeln u. a.) sind ökonomisches Prinzip und entsprechen den Zielen einer ökologisch verantwortbaren und gleichzeitig nachhaltigen Wirtschaftsweise.

Auf der Ebene der praktischen Landwirtschaft trägt der Integrierte Landbau dem globalen Ziel der nachhaltigen Entwicklung Rechnung. Durch die gleichrangige Beachtung ökologischer und ökonomischer Anforderungen an die Pflanzen- und Tierproduktion und hinsichtlich der Gestaltung von Agrarökosystemen hat er Leitbildcharakter für die Landwirtschaft. Wesentliche Kriterien sind folgende:

○ Der Anbau von Kulturpflanzen muss standortangepasst erfolgen; Bodenart, Klima, Wasserhaushalt u. a. sind zu berücksichtigen.

○ Fruchtfolgen sind möglichst vielseitig zu gestalten, Monokulturen und Selbstfolgen sind zu vermeiden. Der Zwischenfruchtbau hat eine Schlüsselfunktion für den Boden- und Gewässerschutz, zur organischen Substanzversorgung und zur biologischen Bekämpfung von Schaderregern.

○ Bodenbearbeitung, Saattechnik, Düngung und Pflanzenschutz sind an das jeweilige Anbauverfahren anzupassen und zu optimieren.

Mit Zwischenfrüchten, wie z. B. Senf, wird der Boden mit organischer Substanz angereichert

○ Nährstoffbilanzen sind auszugleichen (unter Berücksichtigung von Toleranzbereichen).

○ Tier- und Pflanzenproduktion sind miteinander zu kombinieren. Eine artgerechte Tierhaltung, die Nährstoffnutzung der Wirtschaftsdünger auf entsprechend großer Fläche und die Vermeidung von Emissionen sind zu berücksichtigen.

○ Der Schutz der abiotischen und biotischen Umwelt steht als weiteres Ziel neben der qualitätsorientierten Nahrungs- und Futtermittelproduktion. Biotop-Verbundsysteme und Strukturelemente haben wichtige Funktionen in Agrarökosystemen.

3 Allgemeine Bedeutung des Zwischenfruchtbaues

Zwischenfrüchte sind ein wesentlicher Bestandteil moderner Pflanzenbausysteme und sind in integrierten, umweltverträglich gestalteten Produktionsverfahren mit unentbehrlichen Funktionen ausgestattet. Die Düngeverordnung von 1996 (BGBl I, Nr. 6, 1996, S. 118) regelt die Grundsätze der guten fachlichen Praxis beim Düngen mit der Zielsetzung, Nährstoffüberhänge und -austräge zum Schutz anderer Ökosysteme abzubauen. Zwischenfrüchte konservieren nicht direkt verwertbare Nährstoffe – insbesondere Stickstoff – in der pflanzlichen Trockenmasse und verringern so den Eintragspfad für Nitrat über die Bodenpassage in das Grundwasser.

Das am 1. März 1999 in Kraft gesetzte Bundesbodenschutzgesetz regelt im § 17 landwirtschaftliche Belange des Bodenschutzes. Von besonderer Bedeutung sind die Vermeidung von Bodenerosion und Bodenverdichtung sowie die Förderung des Bodenlebens und der Bodenfruchtbarkeit. Konservierenden Verfahren der Bodenbearbeitung wird ein hoher Stellenwert zugesprochen und erfordert über den Zwischenfruchtbau mit oder ohne den Verbleib von Reststoffen z. B. Stroh als bodenschützende Maßnahme den Einstieg in die Mulchsaattechnik oder Direktsaat. Damit werden wesentliche Belange des Boden- und Gewässerschutzes erreicht, da die Erosion verhindert oder verringert und der Oberflächenabtrag von z. B. Phosphat in die Gewässer weitgehend ausgeschlossen wird.

Maßnahmen der „Ausgestaltung" der heute aus ökonomischen und agrarpolitischen Gründen (Agenda 2000) stark vereinfachten Fruchtfolgen mit nur noch zwei bis vier Hauptkulturpflanzen mit Zwischenfrüchten sind dringend geboten, um Problemen des Umwelt-, Boden- und Gewässerschutzes gerecht zu werden. Möglichkeiten zur Integration in enge Anbausysteme bestehen in reichlichem Maße durch Untersaaten und Stoppelsaaten, durch Sommer- und Winterzwischenfrüchte und durch die große Palette der verschiedenen Arten und Sorten. Die Auswahl ist so vielfältig, dass die Anforderungen hinsichtlich Standort, Fruchtfolge, Saatzeit, Funktionen

Tabelle 1: Anbau von Zwischenfrüchten in Betrieben mit Zuckerrüben oder Mais in Nordrhein-Westfalen
Frage: Bauen Sie nach der vorherigen Hauptfrucht vor Zuckerrüben/Mais Zwischenfrüchte an? (Mehrfachnennungen)

Verwertung der Zwischenfrüchte	Betriebe mit Zuckerrübenanbau (n = 101)	Betriebe mit Maisanbau (n = 269)
Futtergewinnung	23,8 %	47,2 %
Gründüngung	58,4 %	62,1 %
Biologische Krankheitsbekämpfung	28,7 %	4,1 %
Organische Krankheitsbekämpfung	28,7 %	24,9 %
Erosionsschutz	13,9 %	13,4 %
Vermeidung von Nährstoffauswaschungen	14,9 %	19,7 %
Sonstiges	10,9 %	11,2 %
Quelle: Situationsanalyse Integrierter Pflanzenbau Soest		(Forschungsbericht Nr. 1, 1995)

Enge Fruchtfolgen können mit dem Anbau von Zwischenfrüchten aufgelockert werden

afl 13

für Futternutzung, Ackerbegrünung, Umweltschutz, Grünbrache (Flächenstilllegung) und biologische Schaderregerbekämpfung weitgehend erfüllt werden können (Tabelle 1).

Die größte Bedeutung im Zwischenfruchtbau des Rheinlandes (1998) haben die Stoppelsaaten mit 79,5 % der Anbaufläche, gefolgt von Winterzwischenfrüchten (16 %) und Untersaaten (5 %). Diese Erhebungen bestätigen auch die überwiegende Bedeutung der Kreuzblütler (Raps, Senf, Ölrettich u. a.) mit 67 % und der Gräser und Kleearten mit 10 % Anteil an der Zwischenfruchtfläche, während die Hülsenfrüchte (Grobleguminosen) und „Sonstige" nur noch sehr geringe (4 %) Anbauflächen aufweisen. Die Anbaufläche für Zwischenfrüchte im Rheinland beträgt insgesamt ca. 61 000 ha oder 18 % der Ackerfläche.

Kräftige Senfmulchauflage, optimale Krümelung des Bodens (Schattengare)

Die grundsätzliche Verwertung der Zwischenfrüchte lässt sich vereinfacht mit den Begriffen Futternutzung und Ackerbegrünung umschreiben.

Zwischenfrüchte zur Ackerbegrünung:

○ Zwischenfrüchte liefern leicht abbaubare organische Substanz, haben ein enges C : N-Verhältnis, sind eine Quelle der Humusversorgung, verbessern die Wasserhaltefähigkeit des Bodens.
○ Schützen den Boden vor Witterungseinflüssen, verringern Wind- und Wassererosion, sparen Kosten für die Beseitigung von Erosionsschäden auf Ackerflächen, in Gräben und auf Straßen.
○ Stabilisieren den Boden durch Krümelung

(Schattengare), fördern das Bodenleben, erschließen den Unterboden.
○ Wirken unkrautunterdrückend durch Licht-, Wasser- und Nährstoffentzug, ermöglichen die konservierende Bodenbearbeitung und Direktsaat.
○ Verbessern die bodenbiologische Aktivität und die Selbstreinigungskraft der Fruchtfolge durch Förderung spezifischer Antagonisten von Krankheitserregern.
○ Ermöglichen die biologische Bekämpfung von Rübennematoden.
○ Zwischenfrüchte speichern Nährstoffe (N, P, K, Ca, Mg) in Pflanzenmasse, erhöhen die Nährstoffverfügbarkeit, besonders bei Stickstoff.
○ Reduzieren Phosphatverluste bei der Bodenerosion und damit die Eutrophierung der Gewässer.
○ Reduzieren den Sickerwasseranfall im Herbst und damit die Nitratauswaschung, verkürzen die Sickerwasserperiode.
○ Zwischenfrüchte fördern den Abbau von Pflanzenschutzmitteln wie Herbiziden, Fungiziden, Insektiziden u. a. durch die erhöhte bodenbiologische Aktivität und verringern dadurch die Rückstandsproblematik.

Klee als Untersaat in einem Maisbestand

Zwischenfrüchte zur Futternutzung:
○ Liefern in viehhaltenden Betrieben hochwertiges Wirtschaftsfutter, die Hauptfruchtfutterfläche wird reduziert. 1994 betrug die Hauptfutterfläche je RGV 0,59 ha, die Zusatzfutterfläche 0,06 ha. Insgesamt betrug die Brutto-Bodenproduktion in

Zwischenfrüchte liefern wertvolles Futter

Getreideeinheiten aus dem Zwischenfruchtbau 3.944 Mio. t (1994).
○ Die Kosten je Nährstoffeinheit sind bei Frischverfütterung (Beweidung) besonders niedrig (um 0,15 DM je 10 MJ NEL). Futterwerbe- und Konservierungsverluste (Nasssilage) erhöhen die Kosten erheblich.
○ Zwischenfrüchte sind in der Regel von hoher Futterqualität (Energiedichte, Verdaulichkeit). Niedrige Trockensubstanz- und Rohfaserwerte erfordern strukturiertes, rohfaserreicheres Ergänzungsfutter.
○ Zwischenfrüchte enthalten viel Eiweiß. Häckselung und Verdichtung fördern die Vergärbarkeit, hoher Sickersaftanfall (20 – 25 m³/ha) bei kreuzblütigen Pflanzenarten; bei Gräsern und Kleegrasgemischen deutlich weniger wegen höherem TM-Gehalt.
○ Zwischenfrüchte ergänzen stärkereiche Futterkonserven, enthalten viel Kalzium, wenig Phosphor und Natrium. Schmutzanteile führen zu Verdauungsstörungen.
○ Bei nasskaltem, trüben Herbstwetter nach trockenem Sommer und nach überhöhter N-Düngung können zu hohe Nitratgehalte auftreten, die zur Begrenzung der Tagesgaben in der Fütterung zwingen (Vergiftungsgefahr).
○ Zwischenfrüchte verkürzen die teure Winterfutterperiode und bilden Futterreserven für futterknappe Zeiten.

4 Formen und Ansaatverfahren für Zwischenfrüchte

4.1 Formen des Zwischenfruchtbaues

4.1.1 Sommerzwischenfruchtbau

Sommerzwischenfrüchte nutzen die Vegetationszeit, die nach Aberntung der Hauptkultur (Getreide, Körnererbsen, Frühkartoffeln u. a.) bis zur Vegetationsruhe im Spätherbst noch zur Verfügung steht. Die Länge der Vegetationszeit und Witterungsfaktoren (Niederschläge, Strahlungsintensität, Temperatur, Tageslänge) bestimmen in Abhängigkeit vom Saattermin der Zwischenfrucht und der Saat der Folgekultur (Herbst/Frühjahr) über Wachstum und Ertrag. Frühe Saattermine (Ende Juli/Anfang August) bringen – bei Verwendung photoperiodisch angepasster Arten und Sorten – hohe Erträge an qualitativ wertvoller Futtertrockenmasse und dichte Bestände für die Ackerbegrünung, den Boden- und Gewässerschutz.

Regionen mit langer Vegetationszeit sind für den Sommerzwischenfruchtbau mit Stoppelsaaten begünstigt. Höhenlagen mit kürzerer Vegetationszeit und niedrigerem Temperaturverlauf sind vergleichsweise weniger geeignet. Untersaaten ermöglichen aber auch hier den Sommerzwischenfruchtbau, allerdings mit angepassten Arten und Sorten. Bodenverhältnisse entscheiden ebenfalls über das Ansaatverfahren. Für Stoppelsaaten gut geeignet sind wegen der Bearbeitbarkeit leichte bis mittlere Böden. Schwer zu bearbeitende Böden bereiten im Sommer häufig Probleme bei der Saatbettbereitung, lassen sich aber durch Untersaaten ebenfalls dem Zwischenfruchtbau erschließen, mit dem Vorteil der längeren Vegetationszeit, da die Ansaat bei der Deckfruchternte bereits etabliert ist.

Zu den Sommerzwischenfrüchten zählen alle Kulturen, deren Hauptvegetationszeit im Spätsommer/Herbst liegt und die vor Winter abgeerntet werden oder im Spätherbst/Winter absterben. Ihre Hauptfunktion ist damit erfüllt. Dazu zählen also auch winterharte Zwischenfrüchte (z. B. Gräser), die vor Winter genutzt, aber danach zum Schutz des Bodens noch über Winter stehen bleiben. Die Tabelle 2 informiert über die Pflanzenarten des Sommerzwischenfruchtbaues.

4.1.2 Winterzwischenfruchtbau

Winterzwischenfrüchte benötigen für die Ertragsbildung vor Winter etwa 40–60, nach Winter

Tabelle 2: Pflanzenarten des Sommerzwischenfruchtbaues

Stoppel- oder Blanksaat

Futterkohl	Einjähriges Weidelgras	Perserklee	Erbsen
Stoppelrüben	Welsches Weidelgras	Alexandrinerklee	Wicken
Sommer-/Winterraps	Sonnenblumen	Inkarnatklee	Ackerbohnen
Sommer-/Winterrübsen	Phacelia	Erdklee	Blaue Lupinen
Ölrettich	Buchweizen	Gelbklee	Gelbe Lupinen
Senfarten		Serradella	Weiße Lupinen

Untersaat (Getreide, Ackerbohnen, Mais)

Rotschwingel	Welsches Weidelgras	Rotklee	
Deutsches Weidelgras	Knaulgras	Weißklee	
Bastardweidelgras		Gelbklee	

Untersaat in Getreide mit Deutschem Weidelgras (späte Sorte)

etwa 50–70 Vegetationstage. Je nach Standort und Pflanzenart werden sie von Mitte August bis Mitte September ausgesät und von Ende April bis dritte Maidekade geerntet. Danach folgen meist weitere Futterpflanzen. Das Risiko des Anbaus von Winterzwischenfrüchten ist relativ gering, da die Winterfeuchtigkeit immer ausreichend ist, so dass alle Bodenarten einen Anbau ermöglichen.

Je länger jedoch die Wachstumszeit der Zwischenfrucht im Frühjahr ist, um so stärker werden die Wasservorräte des Bodens beansprucht. Dieses führt zu einem erhöhten Risiko für die Folgekultur. Weitere Schwierigkeiten sind außerdem die termingerechte Aussaat der Folgekultur und die Bodenbearbeitung. Böden mit relativ hoher Wasserspeicherfähigkeit und ständiger Bearbeitbarkeit sind deshalb bevorzugte Standorte.

Zu den Winterzwischenfrüchten zählen alle Kulturen, die vor Winter ausgesät werden und deren Hauptnutzung dann im April/Mai liegt. Manche Arten (Gräser) ermöglichen durch frühe Saat (Juli) bereits eine Vornutzung im Herbst. Diese Nebennutzung verbessert zusätzlich zur Hauptnutzung die Wirtschaftlichkeit des Anbaues.

Üblicherweise erreichen Winterzwischenfrüchte vor Winter etwa 5–10 dt/ha Trockenmasse, bleiben über Winter assimilationsfähig und erzielen im Frühjahr bereits bei relativ niedrigen

Temperaturen hohe Trockenmassezuwächse. Meist ist eine Konservierung des Futters erforderlich, um eine zu starke Alterung des Futters und Qualitätsverschlechterung zu vermeiden. Die Anforderungen an Winterhärte, Zuwachsverlauf im Frühjahr und Futtereignung bedingen, dass für den Winterzwischenfruchtbau nur relativ wenige Pflanzenarten zur Verfügung stehen (Tabelle 3).

Tabelle 3: Pflanzenarten und -gemische des Winterzwischenfruchtbaues
Welsches Weidelgras
Grünfutterroggen
Winterraps
Winterrübsen
Inkarnatklee
Winterwicken
Landsberger Gemenge (Welsches Weidelgras, Winterwicken, Inkarnatklee)
Wickroggen (Winterwicke, Grünfutterroggen)

4.2 Ansaatverfahren für Zwischenfrüchte

Neben den Verwendungsbereichen Sommer- und Winterzwischenfruchtbau lassen sich Zwischenfrüchte auch nach den Ansaatverfahren unterscheiden, wobei sowohl Stoppelsaaten als auch Untersaaten für beide Verwendungsbereiche des Zwischenfruchtbaus eingesetzt werden können. Dieses allerdings mit der Einschränkung, dass die auszusäenden Arten und Sorten auch die Eignung für die Untersaat in einen Deckfruchtbestand aufweisen müssen.

4.2.1 Stoppelsaaten (Blanksaaten)

Die Aussaat von Zwischenfrüchten nach einer Hauptvorfrucht (Getreide, Körnererbsen, Frühkartoffeln u. a.) erfolgt meist in Form der Stoppelsaat nach mehr oder weniger tiefer Bodenbearbeitung

und Verbleib von Reststoffen (Stroh, Stoppeln) auf der Bodenoberfläche. Nach tiefer Bodenwendung mit dem Pflug und zügiger Saatbettbereitung liegt ein „blanker Tisch" vor, d. h. die Aussaat erfolgt in einen Boden ohne aufliegende Reststoffe, deshalb auch als Blanksaat bezeichnet. Wichtig ist – unabhängig von der Art der Primärbodenbearbeitung – ein feinkrümeliges, rückverfestigtes Saatbett, das ausreichenden Bodenschluss und damit die Wasserzufuhr durch das Kapillarsystem zum Saatkorn oder Samen gewährleistet. Dieses sichert den Feldaufgang und eine zügige, gleichmäßige Jugendentwicklung des Bestandes. Eine tiefe Bodenwendung (Pflug) ist somit keine Voraussetzung für den Zwischenfruchtbau, auch nicht bei geplanten

Stoppelsaat, Reste von Stroh und Stoppeln verbleiben auf der Oberfläche

Mulchsaaten der Folgekulturen wie z. B. Mais oder Zuckerrüben. Voraussetzung ist ein in guter Struktur befindlicher nach unten offener Boden ohne Verdichtungen, der ungestörtes Wurzelwachstum, Wasserführung und Luftaustausch (CO_2, O_2) ermöglicht. Im System der konservierenden Bodenbearbeitung oder Direktsaat verbleiben die Reststoffe der Vorfrucht zum Teil oder ganz auf der Bodenoberfläche. Wichtig ist eine Einbringung des Saatgutes in den Boden, die bei allen pfluglosen Verfahren die gleichen Qualitätsansprüche wie im konventionellen System aufweist. Die Saatgutablage auf einer festen, wasserführenden Schicht und die Abdeckung mit lockerem Boden oder das Anwalzen, begünstigen die Keimung und Keimtriebentwicklung.

Hohe Aussaatqualität zahlt sich immer durch zufriedenstellende Entwicklung der Bestände mit guter Konkurrenz gegen Unkräuter und Ausfallgetreide aus. Wenn diese Voraussetzungen

Zwischenfrüchte können auch mit Düngerstreuern ausgebracht werden, die auf Bodenbearbeitungsgeräten montiert sind

nicht erfüllt werden, kann der Zwischenfruchtbau seine Leistungen nicht erbringen. Diese Aussage wird in der Praxis an oft stark verunkrauteten Beständen verdeutlicht, die im Prinzip nur Kosten und keine positiven Wirkungen im Anbausystem verursachen.

Die Saatgutablage der Zwischenfrüchte sollte mit der gleichen Genauigkeit und Exaktheit wie bei anderen Kulturen erfolgen. Die meisten Zwischenfrüchte zählen zu den Feinsämereien und sind etwa bis 1 cm Tiefe auszusäen. Grobleguminosen erlauben dagegen eine gröbere Bodenoberfläche und Ablagetiefen von 2–4 cm bei Lupinen (epigäische Keimung) und 4–5 cm bei Ackerbohnen, Erbsen und Wicken mit hypogäischer Keimung.

Begrünungspflanzen wie Ölrettich, Senf und Rübsen werden häufig auch mit Düngerstreuern oder anderer Verteiltechnik (z. T. auf Geräte zur Bodenbearbeitung montiert) ausgesät und danach oder zeitgleich flach eingearbeitet. Diese groben Verfahrensweisen sind zwar kostengünstiger, aber auch unsicher, da häufig zu geringe und ungleichmäßige Feldaufgänge, lückige Bestände mit starker Verunkrautung und unbefriedigende Zwischen-

fruchtleistungen die Folge sind. Der Bodenschluss durch Walzen verbessert meist sehr deutlich den Feldaufgang und die Entwicklung der Bestände.

Stoppel- und Blanksaaten sind besonders geeignet für Gebiete mit langer Vegetationsperiode und für Kulturen mit variablen Saatterminen, wie z. B. einige Kreuzblütler für Futternutzung und/oder Gründüngung. Die Mindestvegetationsdauer beträgt 7–9 Wochen. Wird ein starker Futteraufwuchs angestrebt, sind längere Wachstumszeiten erforderlich. Saatzeitempfindliche Arten wie Gräser, Klee, Grobleguminosen, Stoppelrüben u. a. müssen möglichst früh ausgesät werden (bis Ende Juli), spätsaatverträgliche Arten wie Raps, Senf, Ölrettich u. a. vertragen auch spätere Aussaaten, allerdings mit dann verzögerter Entwicklung und geringerer Trocken-

Kleeuntersaat im Getreide

massebildung. Hinsichtlich der Ertragsbildung der Zwischenfrüchte gilt auch heute noch die alte Faustregel: „Ein Tag im Juli ist besser als eine Woche im August. Eine Woche im August ist besser als der ganze September."

4.2.2 Untersaaten in Deckfrüchte

Untersaaten (Tabelle 2) zur Begrünung von Zwischenfruchtbeständen in Getreide, Ackerbohnen, Mais u. a. sind kostengünstiger als Stoppelsaaten, erfordern aber auch die logistische Einbindung in das gesamte Pflanzenbausystem. Die Anforderungen der Deckfrucht (Pflanzenbestand, Düngung, Herbizideinsatz) hinsichtlich hoher Ertragsleistung und die Etablierung der Untersaat müssen gleichzeitig beachtet werden. Daraus folgt, dass Untersaaten in der Regel risikoreicher sind und vom Landwirt vertiefte Grundkenntnisse über Bestandesführung, Arten- und Sortenwahl, Untersaatverträglichkeit, Deckfruchteignung u. a. erwartet werden müssen. Die häufig noch festzustellende geringe Akzeptanz von Untersaaten in der Praxis ist dadurch begründet, dass Beeinträchtigungen der Entwicklung der Deckfrucht und Ernteerschwernisse bei zu hoch gewachsenen Untersaaten befürchtet werden. Diese aus den 50er- und 60er-Jahren noch nachwirkenden Probleme sind heute bei Verwendung geeigneter Arten und Sorten sowie angepassten Saatterminen nicht zu befürchten. Auch die vielfach diskutierte Wasserkonkurrenz zwischen Untersaat und Deckfrucht ist bei sachgerechter Einbringung der Untersaaten nicht gegeben.

Vorteile von Untersaaten:
- Sie erfordern keine zusätzliche Bodenbearbeitung (evtl. Einsatz eines Striegels, insgesamt niedrige Kosten).
- Im Vergleich zu Stoppelsaaten sind die Saatgutkosten und die erforderlichen Saatmengen geringer.
- Sie ermöglichen die Begrünung schwerer Tonböden nach der Getreideernte.
- Sie ermöglichen Zwischenfruchtbau in Gebieten mit periodischer Sommertrockenheit.
- Sie haben einen Wachstumsvorsprung gegenüber Stoppelsaaten.
- Sie wurzeln tiefer und intensiver und erhöhen die Tragfähigkeit des Bodens.
- Durch intensive Bodenbedeckung wird die Bodengare gefördert.
- Sie ermöglichen lange Zeiträume der Bodenruhe zum Vorteil für das Bodenleben.
- Sie bieten Schutz vor Wind- und Wassererosion während und nach ihrem Anbau.
- Sie legen Nährstoffe fest und schützen das Grundwasser vor Nitrateintrag.

Untersaat in Ackerbohnen mit Deutschem Weidelgras

○ Sie ermöglichen je nach Verwendungszweck die Ausbringung begrenzter Güllegaben im Sommer und im zeitigen Frühjahr, da es sich meist um winterfeste Pflanzenarten handelt (z. B. Gräser).

Aus produktionstechnischer Sicht sind weiterhin einige Besonderheiten zu beachten, die das System Deckfrucht mit Untersaat betreffen.

○ Die chemische Unkrautbekämpfung in der Deckfrucht muss die Einbringung von Untersaaten berücksichtigen. Die „Untersaatverträglichkeit" kann über die Mittelwahl und Applikationstermine gewährleistet werden sowie über Untersaattermine. Die Bekämpfung von Ungräsern erfordert andere Strategien als die breitblättriger Unkräuter. Kleeeinsaaten reagieren empfindlicher als Kulturgräser.

○ Bodenherbizide im Herbst in Getreide ermöglichen meist Untersaaten im Frühjahr, Bodenherbizide im Frühjahr verzögern Untersaaten und erfordern evtl. andere Untersaatarten.

○ Starke Verungrasungen (Quecke, Trespe) erlauben keine Untersaat.

○ Lagergetreide muss unbedingt vermieden werden.

○ Untersaaten in verschlämmten und dichtlagernden Böden werden durch Bodenlockerung (Striegel) begünstigt, gleiches gilt für die Deckfrucht.

○ Das Anbaurisiko ist größer als bei Stoppelsaaten; deshalb empfiehlt es sich, nicht mehr als 50 % der Zwischenfrüchte für Futternutzung in Form der Untersaat auszusäen.

Wenn Untersaat und Getreide-Deckfrucht gleichzeitig gesät werden, liegt die Ansaatform der Beisaat vor. Das Entmischen des Saatgutes (bedingt durch sehr unterschiedliche Einzelkorngewichte) ist durch geringere Füllung des Saatgutbehälters und wiederholte Durchmischung des Saatgutes zu vermeiden. Bei Sommergetreide mit Untersaat bietet sich dieses Verfahren an. Die Ablagetiefe ist ein Kompromiss zwischen den Ansprüchen der verschiedenen Arten. Da sich die Konkurrenzsituation bei Verwendung aggressiver Untersaaten (Welsches Weidelgras, Rotklee) zur Deckfrucht erhöht, sind entsprechende Zusammenhänge (Artenwahl) zu berücksichtigen. Der Verzicht auf das Steuerungselement „Saatzeit der Untersaat" erfordert im Ansaatverfahren Beisaat eine besonders gut abgestimmte Arten- und Sortenwahl bei der Untersaat, um Ertragsrisiken bei der Deckfrucht auszuschließen.

Untersaat mit Kleegrasgemisch liefert große Wurzelmassen

5 Stoppel- oder Blanksaaten

5.1 Pflanzenarten und Anbauhinweise für Sommerzwischenfrüchte

5.1.2 Gräser- und Kleearten

Einjähriges Weidelgras reift zur Halmbildung

Die wichtigste Grasart des Sommerzwischenfruchtbaues ist das Einjährige Weidelgras *(Lolium multiflorum Lam.)*. Bei Aussaaten bis Ende Juli ist es zu hohen Erträgen befähigt, die sowohl auf der Schnellwüchsigkeit als auch auf der bei früher Aus-

Welsches Weidelgras liefert hohe Erträge

saat noch wirksamen Langtagreaktion beruhen. Die je nach Sorte unterschiedlich ausgeprägte generative Triebbildung führt im Verlauf des Schossens zu hohen Zuwachsraten. Dieses bedingt jedoch, dass die Futterqualität mit zunehmender Entwicklung z. B. bis zum Erscheinen der Blütenstände aufgrund des steigenden Rohfasergehaltes und der abnehmenden Verdaulichkeit abfällt. Einjähriges Weidelgras sollte deshalb nach ca. 6 – 8 Wochen beweidet und etwa zu Beginn des Ährenschiebens konserviert werden, um die Futterqualität der Silage (ca. 25 – 26 % Rohfaser) zu gewährleisten.

Von Vorteil ist die Strukturierung des Futters durch die Halmbildung. Stickstoffdüngung fördert die Ertragsbildung. Überhöhte N-Gaben gefährden – wie bei anderen Futterpflanzen – den Gesundheitswert des Futters durch zu hohe Nitratwerte im Aufwuchs. Diese können sich dann einstellen, wenn über mehrere Tage witterungsbedingt (bedeckter Himmel) die photosynthetische Aktivität und die Zuwachsraten gering sind, aber weiterhin Nitrat von den Pflanzen aufgenommen wird. Der Nitratgrenzwert liegt bei 0,5 mg je kg TM. Für die Konservierungseigenschaften ist im Vergleich zu Kreuzblütlern der höhere TM-Gehalt der Pflanzen von Vorteil, da weniger Sickersaft

aid

Tabelle 4: Produktionstechnische Daten der Gräser- und Kleearten und von Gemengen bei Stoppelsaat für den Sommerzwischenfruchtbau für Futtergewinnung und Ackerbegrünung

Art/Gemisch	Saatstärke kg/ha	Erträge dt/ha Trocken- masse	Energie- ertrag/ha* MJ NEL x 10^3	Wurzel- trocken- masse dt/ha nach Ernte
Einjähriges Weidelgras [1])	40 – 50	30 – 40	18,3 – 24,4	15 – 25
Welsches Weidelgras [1])	30 – 40	30 – 40	19,5 – 26,0	15 – 25
Einjähriges Weidelgras + Welsches Weidelgras	25 + 20	30 – 40	18,9 – 25,2	15 – 25
Perserklee	18 – 20	20 – 30	12,6 – 18,9	5 – 12
Alexandrinerklee	30 – 35	20 – 30	11,8 – 17,7	5 – 12
Inkarnatklee	25 – 30	20 – 30	12,2 – 18,3	5 – 12
Bodenfrüchtiger Klee	30 – 35	15 – 20	9,4 – 12,6	5 – 12
Perserklee + Einj. oder Welsches Weidelgras	10 + 20	25 – 35	15,7 – 22,0	10 – 18
Alexandrinerklee +Einj. oder Welsch. Weidelgras	15 + 20	25 – 35	15,2 – 21,3	10 – 18

[1]) bei tetraploiden Sorten höhere Saatmenge wählen * nach DLG-Futterwerttabelle für Wiederkäuer (z. T. interpoliert)

anfällt. Häufig erfolgt vor der Silierung noch zusätzlich ein Anwelken des Erntegutes, um Probleme des Sickersaftanfalles möglichst zu vermeiden.

Das **Welsche Weidelgras** *(Lolium multiflorum Lam.)* ist die Winterform des Weidelgrases und wie dieses für die Stoppelsaat zur Futternutzung und Gründüngung geeignet (Tabelle 4). Welsches Weidelgras ist vernalisationsbedürftig, schosst also nicht im Zwischenfruchtbau, sondern bildet über die Bestockung und Blattbildung nur vegetative Masse.

Die Ertragsbildung ist etwas geringer als beim Einjährigen Weidelgras, die Energiedichte (MJ NEL/kg TM) wegen geringerem Rohfasergehalt und besserer Verdaulichkeit etwas höher ausgeprägt. Günstig ist ein Mischanbau (je 50 %) des Einjährigen und Welschen Weidelgrases, um die Vorteile beider Arten zu kombinieren.

Die Wurzelentwicklung ist bei den Weidelgräsern mit etwa 20 – 25 dt/ha organische Wurzeltrockenmasse sehr hoch einzuschätzen und führt zur

Tabelle 5: Erträge und Kosten des Zwischenfruchtbaues bei ausgewählten Pflanzenarten

Parameter	Weidel- gräser	Futterraps	Stoppel- rüben	Gelbsenf	Phacelia
Aufwuchs TM dt/ha	25 – 40	30 – 35	50 – 60	25	20
Stoppel/Wurzel TM dt/ha	20 – 25	10 – 15	2	10	10
Gesamttrockenmasse dt/ha	45 – 65	40 – 50	52 – 62	35	25
Variable Kosten DM/ha	470	321	474	122	128

Quelle: Erhardt, N.: Lohnen Zwischenfrüchte? Landw. Wochenblatt Westf. Lippe 26/98 (verändert)

Humusanreicherung des Bodens. Gräserrückstände werden langsam umgesetzt (rel. weites C-N-Verhältnis). Die Vorfruchtwirkung basiert zu etwa 80 % auf Wurzel- und Stoppelrückständen und nur zu etwa 20 % auf der erntbaren oberirdischen Biomasse. Eine vergleichende Darstellung der Erträge und Kosten von Zwischenfrüchten enthält Tabelle 5. Der Anbau von Futterpflanzen ist zwangsläufig mit höheren Kosten belastet als der von Gründüngungspflanzen. Die Tabelle 6 informiert über die Energiekosten je 10 MJ NEL. Ergebnisse eines Anbauvergleiches der Weidelgräser im Zwischenfruchtbau beinhaltet die Tabelle 7.

Perserklee *(Trifolium resupinatum)* erfuhr vor allem in den 60er- und 70er-Jahren eine starke Anbauausweitung für Begrünungszwecke in Zuckerrübenfruchtfolgen. Im Futterbau (Reinsaat oder Gemisch mit Weidelgräsern) sind die Saatzeitansprüche zu berücksichtigen, um hohe Erträge zu erzielen. Problematisch ist häufig die Verunkrautung der Bestände, die nur durch Schröpfschnitt mechanisch, nicht chemisch reguliert werden kann. Die Wurzelmassenbildung ist im Vergleich zu Gräsern relativ gering. Der Gründüngungswert ist dennoch beachtlich, da die stickstoffhaltigen Rückstände (enges C : N-Verhältnis) relativ schnell umgesetzt werden.

Alexandrinerklee *(Trifolium alexandrinum)* ist eine hochwüchsige (ca. 1 m), sich bestockende Art mit eher geringer Nachwuchsleistung. Die langsame Jugendentwicklung begünstigt die Verunkrautung, die nur durch Schröpfen eingeschränkt werden kann. Bezüglich Saatzeit und Verwertung be-

Alexandrinerklee

stehen keine Unterschiede zum Perserklee. Sorteneigenschaften entscheiden über den Anbauwert. Die einschnittigen Formen sind im Zwischenfruchtbau etwas schnellwüchsiger, erlauben aber nur einen Futterschnitt. Die Rückstände an organischer Wurzelmasse sind vergleichsweise gering, durch das enge C : N-Verhältnis aber schnell mineralisierbar. Produktionstechnische Daten sind in Tabelle 4 aufgeführt.

Bodenfrüchtiger Klee oder Erdklee *(Trifolium subterraneum)* stammt ursprünglich aus dem Mittelmeerraum, gelangte von dort nach Australien und entwickelte sich zur wichtigen Weideleguminose. Im Sommerzwischenfruchtbau ergeben

Tabelle 6: Trockenmasse, Energieerträge und Futterkosten bei Zwischenfruchtfutterpflanzen

Parameter	Weidelgräser	Futterraps	Stoppelrüben
Trockenmasse dt/ha	30	35	58
Frischmasse MJ NEL/ha	21 750	24 500	39 200
Silage MJ NEL/ha	18 000	21 000	34 400
Variable Kosten DM/ha	470	321	474
DM je 10 MJ NEL bei Silage	0,26	0,15	0,14

Quelle: Erhardt, N.: Lohnen Zwischenfrüchte? Landw. Wochenblatt Westf. Lippe 26/98 (verändert)

Inkarnatklee

Weißklee

sich im Vergleich zum Perser- und Alexandrinerklee keine besonderen Vorteile, eventuell für Zwecke der Begrünung von Ackerflächen dürfte er wegen geringer Wuchshöhe etwas besser geeignet sein. Frühe Aussaaten nach Getreide begünstigen die Entwicklung, die Unkrautregulierung erfolgt durch Schröpfen. Die Saatgutversorgung gründet sich auf in Australien gezüchtete Sorten. Eine Samenreife wird im Zwischenfruchtbau wegen der Kürze der Vegetationszeit nicht erreicht.

Inkarnatklee *(Trifolium incarnatum)* kann im Sommerzwischenfruchtbau im Gemenge mit Gräsern zur Futternutzung und Gründüngung verwendet werden. Vorwiegend ist es aber eine überwinternde Leguminose für den Winterzwischenfruchtbau (Kap. 6).

Weißklee *(Trifolium repens)*, **Gelbklee** *(Medicago lupulina)* und **Rotklee** *(Trifolium pratense)* sind im Gemenge mit Gräsern für Begrünungszwecke im Sommerzwischenfruchtbau bei früher Aussaat geeignete Kleearten. Alle drei sind sowohl in Reinsaat als auch im Gemenge mit Gräsern vorteilhaft für Untersaaten und lassen sich hier kostengünstiger einsetzen (Kap. 7). Über die produktionstechnischen Daten der Kleearten im Zwischenfruchtbau liefert die Tabelle 4 die entsprechenden Hinweise.

Tabelle 7: Ertrag und Futterqualität von Einjährigem und Welschem Weidelgras im Zwischenfruchtbau					
Grasart/Sorte	TS %	Rohfaser %	Verdaulichkeit org. Masse	TM-Ertrag dt/ha	MJ NEL je ha
Einjähriges Weidelgras					
– frühe diploide Sorte	14,8	24,1	71,4	28,8	16 360
– späte tetraploide Sorte	11,3	22,2	79,0	28,1	17 980
Welsches Weidelgras					
– diploide Sorte	13,2	21,4	80,3	28,8	18 750

Quelle: Berendonk, Clara: Landw. Wochenblatt Westf. Lippe 23/95, S. 24 ff.

5.1.3 Kreuzblütler

Kreuzblütige Zwischenfrüchte haben im Sommerzwischenfruchtbau sowohl für die Futternutzung als auch in besonderem Maße für die Ackerbegrünung die größte Bedeutung. Die wichtigsten produktionstechnischen Daten sind in Tabelle 8 aufgeführt.

Die Vorteile (+) und Nachteile (−) der Kreuzblütler im Zwischenfruchtbau:
+ geringe Saatgutkosten (Ausnahme: Spezialsorten zur Nematodenbekämpfung)
+ größere Saatzeitverträglichkeit (nicht im Futterbau)
+ rasche Jugendentwicklung, hohe Ertragsleistung
+ gute Verwertung organischer Dünger (Gülle)
+ hohe Nährstoffeinspeicherung (Gewässerschutz)
+ gute Bodenbedeckung (langandauernder Erosionsschutz)
+ leichte Umsetzbarkeit der organischen Substanz im Boden (Vorfruchtwert)

− hohe Stickstoffbedürftigkeit für die Bestandsbildung
− schwierige Fruchtfolgegestaltung (Kohlhernie, Nematoden)
− im Futterbau Nitratanreicherung in den Pflanzen, besonders bei späterer Aussaat, ungünstiger Witterung und hohem N-Angebot (aus Düngung oder Bodenvorrat)
− geringe Trockenmassegehalte, schwierig bei der Futterkonservierung durch hohen Sickersaftanfall
− starke photoperiodische Reaktion (Langtag) einiger Arten mit der Folge verstärkter Stängel- und Blütenbildung.

Die regional stärker ausgeprägte Futterproduktion mit Raps und Stoppelrüben kann zur Verseuchung der Böden mit Kohlhernie (bodenbürtiger Schleimpilz) führen.

Tabelle 8: Produktionstechnische Daten von Kreuzblütlern (Kruziferen) im Sommerzwischenfruchtbau

Art	Saatstärke kg/ha	TKG g	Spätest mögliche Saatzeit [1]	TM-Ertrag dt/ha bei früher Saatzeit	Energieertrag/ha*		Wurzel-TM dt/ha nach Ernte
					MJ ME x 10^3	MJ NEL x 10^3	
Sommerraps	8 – 15	3,5 – 7,0	bis Ende August	35 – 45	39,6 – 50,8	24,5 – 31,5	15 – 20
Winterraps	8 – 15	3,0 – 6,0	bis Ende August	35 – 45	39,6 – 50,8	24,5 – 31,5	15 – 20
Sommerrübsen	6 – 10	1,5 – 3,5	bis Ende August	30 – 40	31,3 – 41,7	18,9 – 25,2	15 – 20
Winterrübsen	8 – 12	4,0 – 5,0	bis Anf. September	30 – 40	33,4 – 44,6	20,6 – 27,5	15 – 20
Stoppelrüben	1 – 2	1,5 – 3,3	bis Anf. August	50 – 65	59,9 – 77,9	37,7 – 49,1	–
Futterkohl	3 – 4	4,0 – 4,5	bis 25. Juli	50 – 60	56,9 – 68,3	35,3 – 42,4	10 – 20
Ölrettich	18 – 22	11 – 13	bis Anf. September	40 – 50	41,7 – 52,1	25,3 – 31,6	15 – 25
Weißer Senf	15 – 20	2,5 – 8,0	bis Anf. September	30 – 40	33,3 – 44,4	20,6 – 27,5	10 – 15

1) Bei später Saat gehen die TM-Erträge sehr stark (30 – 40 %) zurück. Für Futternutzung frühe Termine einhalten.
*) Nach DLG-Futterwerttabelle für Wiederkäuer (z.T. interpoliert)

Futter-Zwischenfruchtanbau mit Winterraps

Nur Zwischenfrucht-Fruchtfolgen können das Problem langfristig lösen.

Sommer- und Winterraps *(Brassica napus* spp. *oleifera)* sind insbesondere für den Futter-Zwischenfruchtbau von Bedeutung. Sie unterscheiden sich im Vernalisationsbedürfnis bei gleicher Reaktion auf die Photoperiode (Langtagpflanzen). Während der Winterraps als Sommerzwischenfrucht sich auf Grund fehlender Vernalisation ausschließlich vegetativ verhält, reagiert der Sommerraps sehr stark auf den Langtageinfluss bei früher Saatzeit, da eine Vernalisation als Voraussetzung für die Einleitung der generativen Entwicklung nicht erforderlich ist. Spätere Aussaaten ab Anfang August fördern deshalb die vegetative Entwicklung, d. h. die Bildung von Blattmasse und Verringerung der Stängel- und Blütenbildung. Dieses entwicklungsphysiologische Verhalten des Sommerrapses hat Auswirkung auf die Futterqualität. Für die Nutzung wichtige Unterschiede zwischen Sommer- und Winterraps sind in Tabelle 9 aufgeführt.

Tabelle 9: Unterschiede zwischen Winter- und Sommerraps

	Winterraps	Sommerraps
Nutzung	auch überjährig	einjährig
Saatzeit	Mitte Juli bis Ende August	Mitte August bis Anfang September
Entwicklung	zögernd, Blühbeginn fehlt	rasch, Blühbeginn stark
Wachstumszeit	lang, evtl. über Winter	durch Blüte bzw. Frosteintritt begrenzt
Wuchshöhe	mittel bis lang	lang bis sehr lang
Stängel	relativ dünn, markhaltig	dick, ziemlich grob
Blattanteil	hoch	niedrig – mittel
Frostempfindlichkeit	sehr gering	stark
Erntezeit	spät noch möglich	früh, vor der Blüte
Weidefähigkeit	gut bis sehr gut, kaum Weidereste	gering – mittel, große Weidereste
Fütterung	nicht als Alleinfutter anbieten	nicht als Alleinfutter anbieten
Schmackhaftigkeit	wird gerne gefressen	im jungen Zustand gut, ab Beginn der Blüte schlecht
Organische Wurzeltrockenmasse	15–20 dt/ha	15–22 dt TM/ha

Quelle: von Borstel, Land- und Forst 25/96

Das Blatt : Stängel-Verhältnis ist ein markantes Merkmal zur Bewertung von Raps im Zwischenfruchtbau. Während Sommerraps im Mittel der Sorten einen Stängelanteil bei früher Aussaat von etwa 50 % aufweist, beträgt dieser Anteil bei Winterraps etwa 20 – 30 %. Sortenunterschiede sind sehr deutlich ausgeprägt. Sorten mit hohen Blattanteilen sind für die Futternutzung günstiger zu beurteilen, da die Weideverluste geringer und die Verdaulichkeit höher einzuschätzen sind. Diese bessere Bewertung der blattreichen Sorten gilt auch, wenn eine Futterkonservierung durch Silagebereitung erfolgt. Nach dem Boniturschema des Bundessortenamtes entspricht eine Notendifferenz von 1 etwa 10 % Blattanteil. Dieser ist mit etwa 2 % weniger Rohfaser, 2 % höherer Verdaulichkeit und 1 % höherem Rohproteingehalt gleichzusetzen. Spätere Aussaaten erhöhen vor allem beim Sommerraps den Blattanteil, gehen aber auch zu Lasten des Futterertrages, während die Qualität verbessert wird.

Für den Ölrapsanbau wichtige Parameter wie Erucasäure- und Glucosinolatgehalt sind für die Futternutzung der grünen Pflanze von untergeordneter Bedeutung. Über die Bevorzugung einzelner Sorten durch Rinder und damit über den Weiderest entscheidet fast nur der Stängelanteil.

Die Ertragsbildung im Rapsanbau ist grundsätzlich abhängig von der Saatzeit, Sorte und N-Düngung sowie der Wachstumszeit. Eine Verspätung der Saatzeit von Juli bis Anfang September ver-

Futterraps wird vom Rindvieh gerne gefressen

mindert die Trockenmassebildung (Tabelle 10). Höhere N-Gaben können diesen Effekt nicht kompensieren. Von Bedeutung ist, die bei später Saatzeit

Sorte	Art	Saatzeit			
		28.7. dt/ha rel.	10.8. rel.	24.8. rel.	7.9. rel.
Petranova	(SR)	42 = 100	84	64	29
Akela	(WR)	38 = 100	84	68	34
Perko PVH	(Rü)	37 = 100	89	83	55
Mittel		39 100	86	72	39

Tabelle 10: Einfluss von Saatzeit und Sorte auf den Trockenmasseertrag (dt/ha und relativ) von Raps und Rübsen im Zwischenfruchtbau (ø 3 Jahre, Ernte 9 Wochen nach Aussaat)

SR = Sommerraps, WR = Winterraps, Rü = Winterrübsen

reduzierte Einzelpflanzenentwicklung durch etwa 4 bis 5 kg/ha höhere Saatmenge auszugleichen, um dichte Bestände aufzubauen.

Sommer- und Winterrübsen *(Brassica rapa* spp. *oleifera)* verhalten sich in ihren entwicklungsphysiologischen Besonderheiten wie Sommer- und Winterraps. Der Winterform kommt im Sommerzwischenfruchtbau die weitaus größte Bedeutung zu. Winterrübsen bilden nur Blätter, die unmittelbar am Wurzelkopf inseriert sind und deshalb beim Schnitt auseinanderfallen, wodurch höhere Verluste entstehen. Von allen Kreuzblütlern sind Winterrübsen noch am ehesten spätsaatverträglich bis Mitte September auf günstigen Standorten und dem Raps dann deutlich überlegen (Tabelle 10). Frühe Saatzeiten erlauben eine erste Nutzung der Bestände nach 6 bis 8 Wochen Wachstumszeit in Form der ganzflächigen Beweidung, danach treiben die Pflanzen erneut aus und ermöglichen eine zweite Nutzung. Die Gesamtertragsleistung ist hoch, die preisgünstigste Verwertung ist die Beweidung. Bei Gründüngung (winterharte Pflanze) können die Bestände leicht eingearbeitet werden, die Wurzel (mit kleiner Rübenkörperbildung) enthält viel Stickstoff für die Nachfrucht. Die Vorfruchtwirkung beruht deshalb zu etwa 80 % auf der Wurzeltrockenmasse.

Sommerrübsen gehen bei früher Aussaat (Langtagreaktion) sehr schnell zur Stängel- und Blütenbildung über und sollten deshalb zur Förderung der Blattentwicklung nicht vor Mitte August gesät werden. Die Verwertung erfolgt vorwiegend für die Ackerbegrünung mit dem Vorteil des Absterbens der Pflanzen im Spätherbst und Winter, wodurch günstige Voraussetzungen für die Mulchsaat der Folgekultur geschaffen werden.

Stoppelrüben *(Brassica rapa* var. *rapa)* sind bevorzugte und sehr ertragreiche Futter-Zwischenfrüchte (Tabelle 8). Regional werden sie auch als Wasserrüben, Weiße Rüben oder Herbstrüben bezeichnet. Für die Verwertung (Beweidung, Frischverfütterung im Stall, Silagebereitung) werden der Blattapparat und der Rübenkörper genutzt. Aus der Beerntung resultieren bestimmte Ansprüche an die Blattstellung und Gesundheit der Blätter, um die maschinelle Rodbarkeit der Gesamtpflanze zu gewähr-

leisten. Charakteristisch sind Sorten mit eingeschnittenen und ganzrandigen Blättern. Erstere sind frühreif und frostempfindlich, also nicht für Spätrodung geeignet, Letztere sind frosthärter und länger sicher rodbar, da die Blätter aufrechter stehen und sich kaum ineinander verzahnen. Stoppelrüben werden mit Hilfe des Blattapparates maschinell aus dem Boden gezogen, gereinigt und im Stall verfüttert oder nach der Rodung in der Erntemaschine gehäckselt und danach einsiliert.

Auch die Rübenform ist sortenspezifisch (rund, plattrund, pfahlwalzenförmig) ausgeprägt. Der Sitz der Rübe im Boden ist ebenfalls eine Sorten-

Stoppelrüben

eigenschaft (ganz im Boden, zwei Drittel über dem Boden) und beeinflusst Rodbarkeit und Schmutzanteil, wobei Letzteres auch von der Ausprägung der Seitenwurzeln beeinflusst wird. Die Fleischfarbe des Rübenkörpers (weiß, gelb) ist für die Tierfütterung von untergeordneter Bedeutung.

Stoppelrüben sind zweijährige Pflanzen. Nach der Überwinterung erfolgt das Schossen und Blühen und die Saatgutbildung. Landwirtschaftlich

Futterkohl

von Bedeutung ist nur das erste Vegetationsjahr mit der Rübenkörper- und Blattbildung (Rosette). Die Anfälligkeit der Stoppelrüben für Kohlhernie verlangt die Einhaltung von Zwischenfrucht-Fruchtfolgen und die Verwendung toleranter Sorten. Die amtlichen Beratungsstellen verfügen über entsprechende Informationen.

Für hohe Erträge müssen Stoppelrüben früh gesät werden. Bei Spätsaaten nach dem 10. August sind andere Futterzwischenfrüchte vorzuziehen. Die Saatstärke beträgt 1 – 2 kg/ha, anzustreben sind 20 bis 25 Pflanzen/m². Je nach Form der Unkrautregulierung (mechanisch, chemisch) können Reihensaaten (45 cm) oder Breitsaaten durchgeführt werden. Dabei muss allerdings auch die verfügbare Erntetechnik berücksichtigt werden. Bei der Düngung sind die hohen Entzüge bei Abfuhr des Erntegutes zu berücksichtigen. 65 dt/ha TM entziehen etwa 200 kg/ha N, 85 kg/ha P_2O_5, 380 kg/ha K_2O und 30 kg/ha MgO. Die Verwertung der Stoppelrübe kann als Frischfutter (Beweidung, Stallfütterung) und nach Konservierung erfolgen. Feld- und Konservierungsverluste (20 – 30 %) sind hoch und verteuern das Futter (Tabellen 5, 6). Der Nährstoffgehalt und die Qualität des erzeugten Futters sind dennoch hoch. Stoppelrüben werden von den Tieren gerne aufgenommen und zählen wegen des hohen Zuckergehaltes zu den leicht silierfähigen Zwischenfruchtarten.

Futterkohl *(Brassica oleracea var. medullosa)* ist unter dem Aspekt der Ertragsbildung die saatzeitempfindlichste kreuzblütige Futterpflanze des Sommerzwischenfruchtbaues. Aussaaten nach dem 25. Juli werden zunehmend ertragsunsicherer. Von den drei Arten Blattkohl (20 % Stängelanteil), Strunkkohl (25 % Blattanteil) und Markstammkohl (50 % Blattanteil) wird Letzterer meist nach frühräumendem Getreide ausgesät und liefert dann hohe TM-Erträge. Die Verwertung erfolgt als Frischfutter und als Silage nach Häckselung und Konservierung der Aufwüchse. Futterkohl kann kurzfristig Frostgrade bis −10 °C vertragen, bei längerer Einwirkung sterben die Pflanzen ab. Für die Anlage von Wildäsungsflächen ist Futterkohl ein vielfach verwendeter Partner bei der Zusammensetzung von Saatgutmischungen.

Ölrettich *(Raphanus sativus oleiformis)* wird im Sommerzwischenfruchtbau (Tabelle 8) zur Begrünung von Ackerflächen meist vor nachfolgenden Sommerungen verwendet, in Notzeiten auch zur Futternutzung. Die Langtagreaktion der Pflanzen bewirkt bei früher Saat (Juli/Anfang August) den raschen Übergang zur generativen Entwicklung in Verbindung mit starker Stängel- und Blütenbildung sowie dem eventuellen Erreichen der Samenreife. Durch das Mulchen der Bestände muss diese Ent-

Ölrettich

wicklung rechtzeitig unterbrochen werden, um Saatguteintrag in die Samenbank des Bodens zu verhindern. Die Blühneigung der Sorten ist deshalb ein wichtiges Kriterium der Sortenwahl. Durch Züchtung ist es gelungen, Ölrettichsorten mit relativ geringer Blühneigung und dennoch hoher Biomasse-Produktion zu entwickeln, die insbesondere bei der biologischen Nematodenbekämpfung im Zuckerrübenanbau Vorteile aufweisen. Ölrettich ist relativ saatzeitverträglich (bis Anfang September) und bildet auch dann – mit erhöhten Saatmengen – noch ausreichend dichte Bestände mit allerdings deutlich reduzierter TM-Bildung. Die rasche Jugendentwicklung (durch Stickstoff gefördert) führt zu einer guten Unkrautunterdrückung, die Ausbildung einer Pfahlwurzel mit einem stark verzweigten Nebenwurzelsystem führt zur Bodenauflockerung und Versorgung mit organischer Substanz. Ölrettich ist wenig frostverträglich und stirbt im Winter sicher ab, wodurch Mulchsaaten bei Folgekulturen begünstigt werden. Spät auflaufende junge Pflanzen sind allerdings relativ frosthart und können zu Durchwuchsproblemen im Frühjahr führen.

Spezialsorten des Ölrettichs erlauben die biologische Bekämpfung der Rübennematoden (Heterodera schachtii). Dazu sind relativ frühe Saattermine erforderlich, um die Temperaturansprüche der Nematodenentwicklung zu gewährleisten. Nach der Einwanderung der Larven in die Ölrettichwurzeln verhindern spezielle Resistenzmechanismen der Sorte die Entwicklung der Larven zu Dauerzysten.

Senf – Weißer Senf oder **Gelbsenf** (Sinapis alba) ist die im Sommerzwischenfruchtbau am häufigsten verwendete Begrünungspflanze. Sie dient meist in Verbindung mit der Mulchsaat der Folgekultur dem Boden- und Gewässerschutz durch Verringerung der Bodenerosion und von Phosphatverlusten sowie der Einbindung von sonst austragsgefährdetem Stickstoff in pflanzliche Trockenmasse.

Andere Senfarten wie Sarepta-Senf (Brassica juncea) und Schwarzer Senf (Brassica nigra) werden zwar züchterisch bearbeitet, haben aber bisher keine größere Bedeutung erlangt.

Senf ist gekennzeichnet durch eine starke photoperiodische Reaktion (Langtagpflanze). Je früher er ausgesät wird, desto eher kommt er zur Blüte. Die Assimilate werden dann überwiegend zur Stängel- und Blütenbildung verwendet, Blatt- und Wurzelentwicklung sind benachteiligt. Für die Verbesserung der Wirkung einer Gründüngung (hohe Blattmasse, dichter Bestand, intensive Durchwurzelung) ist deshalb eine Aussaat etwa Mitte August anzustreben, um die Blühneigung zu unterdrücken. Die Spätsaatverträglichkeit des Senfes erlaubt vielfältige Verwendungsmöglichkeiten in Fruchtfolgen. Dennoch

Senf

noch ist auf eine ausreichende TM-Produktion von möglichst über 20 dt/ha zu achten, um den Gründüngungswert zu gewährleisten.

Senf ist wie Ölrettich mit Hilfe von Spezialsorten für die biologische Bekämpfung von Rübennematoden geeignet. Diese Zielsetzung erfordert relativ frühe Saattermine, die wiederum meist ein Mulchen der Bestände zur Verhinderung der Samenreife zur Folge haben. Sorten mit geringerer Blühneigung sind deshalb zu bevorzugen und bieten durch die Verzögerung oder Vermeidung notwendiger Mulchmaßnahmen Vorteile, die noch zu wenig genutzt werden.

5.1.4 Grobleguminosen

Zu den Grobleguminosen zählen Gelbe, Weiße und Blaue Lupinen, Ackerbohnen, Futtererbsen und Wicken. Von Vorteil ist die Selbstversorgung mit Stickstoff über die biologische N-Fixierung mit Hilfe der Knöllchenbakterien. Bei entsprechender TM-Bildung können durchaus über 150 kg/ha N in der Gesamtpflanze fixiert werden, die überwiegend aus der Symbiose mit der jeweiligen Rhizobien-Art stammen. Diese N-Bindung und das enge C : N-Verhältnis erklären den hohen Vorfruchtwert der Leguminosen und die leichte Umsetzbarkeit der organischen Substanz. Ein zu früher Umbruch im Herbst führt deshalb häufig zu hohen auswaschungsgefährdeten Nitratwerten im Boden.

Nachteil der Grobleguminosen sind die starke Saatzeitempfindlichkeit, die langsame Jugendentwicklung mit Gefahr der zu starken Verunkrautung und relativ hohe Saatgutkosten. Mischungen der Leguminosen untereinander und mit anderen Arten wirken insgesamt ausgleichend.

Produktionstechnische Daten der Grobleguminosen sind in Tabelle 11 aufgeführt.

Gelbe Lupine

Von den Lupinenarten **Gelbe Lupine** *(Lupinus luteus),* **Weiße Lupine** *(Lupinus albus)* und **Blaue Lupine** *(Lupinus angustifolius)* können im Zwischenfruchtbau geprüfte Sorten für die Begrünung von Ackerflächen eingesetzt werden. Frühe Saat im Juli fördert die Jugendentwicklung und Unkraut-

Tabelle 11: Produktionstechnische Daten der Grobleguminosen und von Gemengen im Sommerzwischenfruchtanbau

Art/Gemenge	Saatstärke kg/ha	Ertrag Grünmasse	dt/ha Trockenmasse	Wurzeltrockenmasse dt/ha nach Ernte
Gelbe Lupine	160-180	250-300	35-45	15-20
Weiße Lupine	200-220	250-300	35-45	15-20
Blaue Lupine	160-180	250-300	35-45	15-20
Futtererbsen	160-220	300-400	30-40	8-10
Ackerbohnen	200-250	230-350	40-50	15-20
Sommerwicken	120-160	300-400	30-40	8-10
Ackerbohnen + Futtererbsen + Sommerwicken	80 + 60 + 40	270-350	35-45	10-15
Ackerbohnen + Futtererbsen	100 + 60	270-350	35-45	10-15

Grobleguminosen werden meist für Gründüngung verwendet. Bei Futterkonservierung liegt die Energiedichte bei 5,7-6,0 MJ NEL/kg TM. Die Nährstofferträge betragen ca. 21 000 MJ NEL/ha. Für die Verfütterung von Lupinen sind nur bitterstoffarme Sorten geeignet.

Weiße Lupine

Blaue Lupine

unterdrückung. Das Wurzelsystem (Pfahlwurzel) und das Aufschließungsvermögen für tiefere Bodenschichten prädestinieren die Lupinenarten für die Bodenverbesserung. Hohe TM-Erträge werden nur bei früher Saatzeit und langer Vegetationszeit erreicht. Die Saattiefe beträgt 2 – 4 cm. Lupinen keimen epigäisch, d. h., die Keimblätter werden durch die Streckung des Hypokotyls über den Boden angehoben.

Ackerbohnen *(Vicia faba)* werden im Zwischenfruchtbau überwiegend zur Begrünung, weniger zur Futternutzung angebaut. Vielfach sind Gemenge mit Wicken oder Erbsen zu bevorzugen, um eine bessere Bodenbedeckung zu erreichen. Ackerbohnen besitzen eine Pfahlwurzel, die tief in den Boden eindringt und damit zum Teil den Vorfruchtwert begründet. Frühe Saatzeit nach Wintergerste und hohe Erträge bedingen sich gegenseitig. Dennoch sind Reinsaaten häufig stärker verunkrautet, da die „offenen" Bestände viel Licht auf den Boden durchlassen. Gemenge mit passenden Partnern hinsichtlich der Saatguteigenschaften (z. B. Felderbsen) sind deshalb zu bevorzugen.

Futtererbsen *(Pisum sativum conv. speciosum)* oder Felderbsen sind an ihren bunten Blüten erkennbar. Es handelt sich um schnellwachsende, eiweißreiche und massenwüchsige Pflanzen mit lan-

gen, hohlen, liegenden bis aufrechten Stängeln. Eine Wickelranke am Ende der Blattstiele ermöglicht das Hochranken an Stützpflanzen wie z. B. Ackerbohnen, Mais oder auch einzelnen Sommerrapspflanzen. Diese Kombinationen sind erforderlich, da Erbsen sehr stark lagern und in Feuchtperioden schnell in Fäulnis übergehen. Erbsen sind relativ saatzeitempfindlich, die Keimung erfolgt hypogäisch, die Keimblätter

Ackerbohne

verbleiben im Boden. Die Saattiefe beträgt etwa 4 – 6 cm.

Die **Wickenarten** werden in eine Sommerform (Saatwicke) und Winterform (Zottelwicke) unterschieden. Die **Saatwicke** *(Vicia sativa)* wird fast ausschließlich im Sommerzwischenfruchtbau verwendet. Die Pflanzen werden bis zu 100 cm lang und lagern völlig ohne Stützfrucht. Wickelranken erlauben das Emporwachsen an Stützpflanzen. Jugendentwicklung und Ertragsleistung werden durch frühe Saattermine gefördert. Keimverhalten und Saattiefe sind identisch mit den Angaben bei Futtererbsen. Erbsen und Wicken werden häufig auch in Mischung mit z. B. Ackerbohnen ausgesät.

Phacelia

Sonnenblume

Erbsen

Mischungen von Groblegumínosen (Tabelle 11) sind gegenüber Reinsaaten im Zwischenfruchtbau für Begrünung und Futternutzung immer zu bevorzugen. Dieses dürfte auch für Mischungen von Lupinenarten mit Erbsen oder Wicken gelten. Umfangreiche Erfahrungen liegen aber diesbezüglich nicht vor.

5.1.5 Sonstige Stoppelsaaten

Phacelia oder Büschelschön *(Phacelia tanacetifolia)* gehört zur Familie der Wasserblattgewächse (Hydrophyllaceae), stammt aus Kalifornien und ist mit keiner heimischen Kulturpflanze verwandt. Es handelt sich um eine kurzlebige, schnellwachsende, im Winter sicher absterbende Pflanze des Stoppelfruchtbaues für die Bodenbegrünung sowie zum Boden- und Gewässerschutz. Hinweise zum Anbau sind in Tabelle 12 aufgeführt. Große Bedeutung hat Phacelia als Zwischenfrucht vor Sommerungen (Mais, Zuckerrüben u. a.), die in Mulchsaat bestellt werden. Vorteilhaft ist diesbezüglich die rasche Jugendentwicklung mit unkrautunterdrückender Wirkung. Stickstoff fördert das Wachstum, Blütenbildung erfolgt praktisch während der gesamten Vegetationszeit, allerdings verstärkt bei früher Saatzeit. Bei der Saat ist zu beachten, dass Phacelia zu den Dunkelkeimern zählt.

Die Pflanzen sterben im Spätherbst/Winter sicher ab, lagern dicht am Boden und ermöglichen dadurch eine Spätverunkrautung, die vor Sommerungen meist chemisch bekämpft werden muss.

Buchweizen

Kulturmalve

Die **Sonnenblume** *(Helianthus annus)* wird meist als Gemengepartner (Stützpflanze) in Begrünungsansaaten verwendet. Geeignet ist sie für Futternutzung und Gründüngung, aber nur wenig verbreitet und stellt gewisse Ansprüche an die Saatzeit (bis Ende Juli). In Reinsaat ist eine stärkere Verunkrautung zu erwarten. Das kräftig entwickelte Wurzelsystem (Pfahl- und Büschelwurzel) besitzt ein hohes Aufschlussvermögen für Nährstoffe. Grobleguminosen wie Wicken und Erbsen ergänzen sich in ihren positiven Eigenschaften mit Sonnenblumen. Spezielle Sortenprüfungen für den Zwischenfruchtbau werden kaum durchgeführt.

Buchweizen *(Fagopyrum esculentum)* gehört zu den Knöterichgewächsen (Polygonaceae) und ist durch eine sehr schnelle Jugendentwicklung und Bodenbedeckung gekennzeichnet. Die Pflanze hat krautige, rotgefärbte Stängel und weiße bis rosarote Blüten, die bei Saatterminen vom Frühjahr bis Sommer ausgebildet werden. Bereits nach den ersten Frühfrösten im Herbst sterben die Pflanzen ab, die Bestände brechen zusammen und lassen sich leicht einarbeiten. Buchweizen eignet sich deshalb bevorzugt für kurzfristige Begrünungsmaßnahmen zwischen zwei Hauptkulturen (z. B. nach Erbsen vor Winterweizen), für Mulchsaaten von Sommerungen ist er weniger geeignet. Die Ertragsbildung wird durch Stickstoff gefördert, ist aber dennoch im Vergleich zu anderen Arten relativ gering. Gleiches gilt für die Wurzelausbildung (Tabelle 12).

Die Kulturmalve *(Malva silvestris)* ist eine hochwachsende, stängelige Pflanze mit gelappten Blättern und purpurroten Blüten. Die langsame Jugendentwicklung erfordert einen Mischanbau mit schnellwachsenden Arten, z. B. Phacelia. Die züchterische Bearbeitung hat bisher nicht zu geeigneten Sorten geführt. Überwinternde Samen führen zu Fremdwuchs z.B. in Zuckerrüben

Tabelle 12: Produktionstechnische Daten von Phacelia, Sonnenblume, Buchweizen und Kulturmalve im Sommerzwischenfruchtanbau zur Begrünung von Ackerflächen

Art	Saatstärke kg/ha	TKG g	Saatzeit	Ertrag dt/ha bei früher Aussaat Grünmasse	Trockenm.	Wurzel-TM dt/ha
Phacelia	8 – 12	2,0	Aug. – Anf. Sept.	200 – 300	25 – 35	10 – 12
Sonnenblume	20 – 30	30 – 50	Juli – Anf. Aug.	200 – 500	40 – 70	15 – 25
Buchweizen	50 – 70	15 – 17	bis Anf. Sept.	100 – 240	30 – 40	4 – 6
Kulturmalve	10 – 15	6 – 8	Juli – Anf. Aug.	250 – 300	30 – 35	10 – 15

5.2. Pflanzenarten und Anbauhinweise für Winterzwischenfrüchte

5.2.1 Gräser und Leguminosen, Artengemische

Das **Welsche Weidelgras** *(Lolium multiflorum Lam.)* ist die wichtigste Grasart des Winterzwischenfruchtbaues zur Futternutzung. Vor allem in flächenarmen Futterbaubetrieben auf günstigen Standorten (Lösslehm, warme Sandböden, lange Vegetationszeit) wird das Welsche Weidelgras vor Silomais als Zweitfrucht angebaut, um die Flächenertragsleistung zu erhöhen. Der Erntezeitpunkt liegt spätestens in der zweiten Maidekade und liefert Erträge von 50 bis 70 dt/ha TM (Tabelle 13). Bei früher Saat nach Wintergerste ist weiterhin eine Herbstvornutzung mit 30 bis 40 dt/ha TM möglich (Tabelle 14). Wichtig ist, dass unter diesen Voraussetzungen das Welsche Weidelgras etwa 10 cm hoch in den Winter geht. Ohne Herbstvornutzung wird dies mit Aussaatterminen je nach Standort von Anfang bis Mitte

September erreicht. Für eine zügige Ertragsbildung im Frühjahr ist das Welsche Weidelgras mit 80 – 120 kg/ha N zu düngen. Der Stickstoffentzug in Höhe von 140 bis 150 kg/ha übersteigt das Maß der Düngung sehr deutlich.

Futterroggen oder Grünroggen *(Secale cereale)* ist besonders auf leichten Standorten anbauwürdig. Die Bestockung muss vor Winter erfolgen, Aussaaten bis Ende September gewährleisten diese Entwicklung. Je nach Standort kann eine Herbst-N-Gabe von 30 – 40 kg/ha zweckmäßig sein. Im Frühjahr ist die N-Gabe (80 – 120 kg/ha) sehr frühzeitig zu geben, um die relative kurze Vegetationszeit bis Anfang Mai auszuschöpfen. Futterroggen muss spätestens beim Spitzen der Grannen geerntet werden. Danach sinkt die Qualität sehr stark ab. Vorwelken begünstigt den Silierprozess, ebenso sehr kurzes Häckseln und das Festwalzen im Silo. Die Nutzungselastizität ist beim Futterroggen wesentlich geringer als beim Welschen Weidelgras. Mischungen beider Arten (je 50 % der Reinsaatstärke) haben sich vor allem auf leichten Böden bewährt, um den Energiegehalt des Futters ohne wesentliche Ertragseinbußen zu erhöhen (Tabelle 15).

Futterroggen

Tabelle 13: Produktionstechnische Daten der Pflanzenarten und -gemische des Winterzwischenfruchtanbaues

Art/Gemisch	Saatstärke kg/ha	N-Düngung kg/ha	Ertrag dt/ha Trocken- masse	Ertrag dt/ha Wurzel- trocken- masse	Energieertrag/ha* MJ ME x 10^3	Energieertrag/ha* MJ NEL x 10^3
Winterrübsen	10 – 12	80 – 100	30 – 45	20 – 25	33,5 – 50,2	20,6 – 31,0
Winterraps	10 – 12	80 – 100	30 – 45	20 – 25	33,9 – 50,8	20,1 – 31,5
Futterroggen	160 – 180	80 – 100	50 – 70	15 – 20	57,5 – 80,8	35,4 – 49,6
Welsches Weidelgras	35 – 45	80 – 100	50 – 70	20 – 30	55,8 – 78,2	34,2 – 47,9
Futterroggen + Welsches Weidelgras	120 + 14	80 – 100	50 – 70	18 – 25	56,7 – 79,4	34,8 – 46,8
Winterwicken + Futterroggen	50 + 70	40 – 60	50 – 70	15 – 20	51,8 – 72,5	30,9 – 43,3
Landsberger Gemenge Winterwicken + Inkarnatklee + Welsches Weidelgras	20 + 10 + 30	40 – 70	50 – 70	15 – 25	53,6 – 75,0	32,5 – 45,5

* nach DLG-Futterwerttabelle für Wiederkäuer 1997 (z. T. interpoliert)

Tabelle 14: Ertragsleistung des Welschen Weidelgrases im Frühjahr nach verschiedener Herbstvornutzung bei gleicher Düngung (Aussaat 1. August, Mittel von drei Versuchsjahren)

Nutzungstermine	Erträge in dt/ha Trockenmasse versuchsmäßige Schnittnutzung	Erträge in dt/ha Trockenmasse Beweidung im Herbst
Im Herbst		
1. Nutzung am 15. September	18,4	23,8
2. Nutzung am 20. Oktober	24,0	17,7
Gesamtertrag	42,4	41,5
Im Frühjahr		
1. Schnitt	94,2	74,5
2. Schnitt	47,9	40,3
Gesamtertrag	142,1	114,8
Gesamterträge Herbst und Frühjahr	184,5	156,3

Tabelle 15: Ertragsleistung von Futterroggen und Welschem Weidelgras sowie einem Gemenge in Abhängigkeit vom Erntetermin sowie vom Standort (im Mittel von 2 Jahren, Niederrhein)

Variante	Erntetermin 28.04.	Erntetermin 08.05.	Erntetermin 18.05.	Standort Sandboden	Standort Lösslehm
1 100 % Futterroggen	65	82	97	84	79
2 Futterroggen (60 %) + Wel. Weidelgras (40 %)	64	82	96	80	83
3 100 % Welsches Weidelgras	57	67	77	58	75

Von den **Gräser-Leguminosengemengen** haben Wickroggen und das Landsberger Gemenge eine gewisse Bedeutung.

Wickroggen besteht aus Winterwicken (Zottelwicken, *Vicia villosa*) und Futterroggen *(Secale cereale)*. Die Leguminose gedeiht vor allem auf leichten Böden und ist hier eine sichere und leistungsfähige Futterpflanze. Im Gemenge werden etwa 70 kg/ha Roggen und 50 kg/ha Zottelwicken verwendet. Die Wicken entwickeln sich bis zum Erntetermin (am Roggen orientiert) nur bis zum Knospenstadium und verbessern dadurch die Qualität des Aufwuchses.

Das **Landsberger Gemenge** ist eine seit 1928 bekannte ertrag- und eiweißreiche Winterzwischenfrucht mit allerdings langer Vegetationszeit. Die Zusammensetzung der Saatgutmischung variiert, meist werden 20 kg/ha Winterwicken, 20 kg/ha Inkarnatklee und 20 kg/ha Welsches Weidelgras verwendet. Voraussetzung für hohe Erträge (dritte Maidekade) sind Böden mit hohem Wasserspeicherungsvermögen. Die Winterfestigkeit ist meist ausreichend. Bei Kahlfrösten ist Inkarnatklee gefährdet, das

Landsberger Gemenge ist für die Herbstaussaat geeignet

Welsche Weidelgras kann auf solchen Standorten durch das winterhärtere Bastardweidelgras ersetzt werden. Die N-Düngung ist abhängig von der Bestandszusammensetzung (ca. 60 – 80 kg/ ha bei hohem Grasanteil). Die Nutzung sollte durch Silagebereitung erfolgen. Bodentrocknung zur Heuwerbung bewirkt hohe Bröckel- und damit Qualitätsverluste. Nach der ersten Nutzung treibt nur das Welsche Weidelgras erneut aus und kann der Futternutzung oder Saatgutgewinnung zugeführt werden.

Gemisch aus Winterwicken und Futterroggen

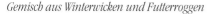

Winterraps

5.2.2 Kreuzblütler

Im Winterzwischenfruchtanbau sind nur **Winterraps** (*Brassica napus* spp. *oleifera*) und **Winterrübsen** (*Brassica rapa* spp. *oleifera*) als winterharte Kreuzblütler für Futternutzung und Bodenbegrünung geeignet (Tabelle 13).

Es handelt sich um die Arten mit der frühesten Nutzungsreife (ab Anfang April zur Frischverfütterung), bei Blühbeginn sollten die Bestände beerntet sein. Die Entwicklung beider Arten stimmt weitgehend überein. Die Überwinterung erfolgt im Rosettenstadium, im Frühjahr entsteht der Hauptspross mit Verzweigung, wodurch sich die hohen Zuwächse an Trockenmasse erklären.

Die Aussaat beider Arten erfolgt bis Anfang September. Eine Herbst-N-Düngung ist vom Standort

(N-Nachlieferung) abhängig. Im Frühjahr werden sehr zeitig 80 – 100 kg/ha N benötigt, um TM-Erträge von 40 – 45 dt/ha mit einem N-Entzug von 130 bis 140 kg/ha aufzubauen. Die Nutzung erfolgt frisch oder als Futterkonserve, die Nutzungsspanne beträgt etwa 10 – 12 Tage. Die Futterkonservierung nach Häckselung des Aufwuchses schafft Futterreserven für futterknappe Zeiten sowie ein eiweißreiches Ergänzungsfutter.

Winterrübsen werden häufig auch zur Bodenbegrünung im Herbst und Winter vor Sommerungen eingesetzt. Die Bestände sind möglichst vor dem Schossen im Frühjahr umzubrechen oder chemisch abzutöten. Bei älteren Beständen besteht erhöhte Durchwuchsgefahr, da in der verdickten Wurzel (kleine Rübe) erhebliche Assimilatmengen gespeichert werden.

6 Pflanzenarten und Anbauhinweise für Untersaaten

6.1 Untersaaten in Getreide

Die einzelnen Getreidearten sind je nach Bestandesaufbau (arten- und sortenspezifisch) unterschiedlich für Untersaaten geeignet. **Roggen** und **Winterweizen** sind sehr gut geeignet, die Wintergerste wegen stärkerer Beschattung und Lagerneigung weniger. Bei den **Sommerungen** ergibt sich folgende Reihenfolge: Sommergerste > Sommerweizen > Hafer.

Bei allen Untersaaten ist die **Konkurrenzkraft** der Deckfrucht mit der der untergesäten Art abzustimmen. In einem gut entwickelten Winterweizenbestand können durchaus frühzeitig kampfkräftige Arten, wie Welsches Weidelgras, Bastardweidelgras oder Rotklee eingesät werden. In einen schwach entwickelten Winterweizen muss dagegen die Untersaat

später erfolgen oder es müssen weniger konkurrenzstarke Arten ausgewählt werden. Beim Roggen verhält es sich ähnlich, Wintergerste ist dagegen immer eine konkurrenzstarke Deckfrucht. Für Hafer und Sommerweizen sind aggressive Untersaaten durchaus geeignet, während die Sommergerste empfindlich darauf reagiert. Speziell für Letztere kommen Arten wie Deutsches Weidelgras und Weißklee mit **angepassten Saatterminen** in Betracht. Sortenunterschiede bei den Deckfrüchten (Wuchshöhe, Beschattung, Bestandesdichtetyp, Einzelährenertragstyp, Blatthaltung u. a.) und bei den Untersaaten (Tageslängenreaktion, Vernalisationsbedürfnis, Früh-, Spätreife u. a.) sowie Düngung und Herbizideinsatz zur Deckfrucht bestimmen zusätzlich den Erfolg von Untersaaten. Diese müssen weiterhin die produktionstechnischen Maßnahmen in der Deckfrucht (Düngung, Pflege, Befahren mit Maschinen und Geräten, Ernte- und Transporttechnik) aushalten und über ein hohes Regenerationsvermögen verfügen, damit sich schnell nach der Deckfruchternte ein voller Pflanzenbestand entwickeln kann. Das Getreidestroh kann trotz Untersaat auf der Ackerfläche verbleiben. Es muss aber möglichst kurz gehäckselt und gleichmäßig über die Schnittbreite verteilt werden, damit die Untersaat den dünnen Strohteppich durchwachsen kann. Gleiches gilt für die Spreuverteilung. Spreuverteiler am Mähdrescher sind unverzichtbare Voraussetzung für gleichmäßig

Untersaat-Termine	Erträge Winterweizen dt/ha (86 % TM)			Erträge Untersaaten dt/ha TM		
Untersaat-Art	Greif	Kontrast	Obelisk	Greif	Kontrast	Obelisk
Herbstuntersaat						
– Rotschwingel	89	88	94	12	12	8
– Deutsches Weidelgras	93	89	93	13	11	10
Frühjahrsuntersaat						
– Deutsches Weidelgras	96	88	97	9	8	7
– Welsches Weidelgras	95	90	94	15	13	9
– Rotklee	97	90	94	12	8	8
Kontrolle (ohne Untersaat)	96	90	95	–	–	–

Tabelle 16: Ertragsleistung von Winterweizensorten mit Herbst- und Frühjahrs-Untersaaten sowie die Erträge der Untersaaten (ohne N-Düngung, Mittel von drei Jahren und zwei N-Stufen zum Weizen)

Kleeuntersaat im Getreide

sich entwickelnde Untersaatbestände. Die Tabelle 16 zeigt im Mittel von drei Jahren die Ertragsleistung von Winterweizensorten sowie die Ertragsleistung von Herbst- und Frühjahrsuntersaaten. Nach der Weizenernte wurden die Untersaaten nicht mit Stickstoff gedüngt.

In Abhängigkeit von der Zielsetzung der Untersaat (Futterproduktion, kurzfristige Begrünung, Grünbrache bei Flächenstilllegung u. a.) und der gewählten Art bzw. Artenkombination kann man Untersaaten in Getreide im Herbst und/oder im Frühjahr ausbringen.

Herbst-Untersaaten haben den Vorteil, dass sie sich

- ○ schneller entwickeln
- ○ besser bestocken
- ○ den Boden intensiver durchwurzeln
- ○ den Boden rascher bedecken.

Bei zeitgleicher Aussaat mit Wintergerste (meist zwei Arbeitsgänge) kommt wegen der frühen Saat nur der langsam wüchsige Rotschwingel in Betracht. Nachfolgender Herbizideinsatz verlangt eine Ablagetiefe von 1 – 2 cm. Winterweizen bestockt sich vor Winter nicht so stark wie Wintergerste. Die Untersaat kann deshalb erst Ende November/Anfang Dezember erfolgen. Von den Gräserarten sind z. B. Deutsches Weidelgras, Rotschwingel, Knaulgras geeignet. Die Aussaat mit Pneumatic-Düngerstreuern erlaubt hohe Flächenleistungen, niedrige Kosten und exaktes Ausbringen.

Frühjahrs-Untersaaten können

- ○ zeitgleich mit der ersten Stickstoffgabe in Wintergetreide erfolgen
- ○ auf dem noch gefrorenen Boden mit z. B. Pneumatic-Streuern ausgestreut werden
- ○ in Breit- oder Drillsaat im April in das Getreide eingebracht werden
- ○ zeitgleich mit Sommergetreide aus- oder später nachgesät werden
- ○ in Abhängigkeit von der Herbizidstrategie terminiert werden
- ○ mit Kleearten (Weißklee) Herbstuntersaaten (Gräser) ergänzen.

Bei späteren Untersaaten im Frühjahr (erschwerte Keimbedingungen) empfiehlt sich zur Risikominderung der Einsatz von Drillmaschinen, um die Einbettung des Samens auf oder in den Boden in den Zwischenräumen der Getreidereihen und unter das Blätterdach zu sichern.

In Deckfrüchte eingesäte Gräser dürfen als Untersaat nur vegetativ wachsen und keine Schosstriebe ausbilden. Vernalisationsbedürftige Arten sind deshalb zu bevorzugen, da bei Aussaaten im Frühjahr oder sehr spät im Herbst (bei Rotschwingel auch zeitgleich mit Wintergerste) nur vegetatives Wachstum gewährleistet ist. Einjähriges Weidelgras ist deshalb für Untersaat nicht geeignet. Grundsätzlich gilt, dass in der Entwicklung langsame Gräser früh (z. B. Rotschwingel, späte Sorten Deutsches Weidelgras), konkurrenzstarke Untersaaten (z. B. Welsches Weidelgras, Rotklee) dagegen spät in Deckfrüchte eingesät werden müssen. Der tatsächliche Saattermin variiert dabei in Abhängigkeit von der Konkurrenzkraft, d. h.

dem Entwicklungszustand der Deckfrucht. Hinweise zur Aussaat von Gräsern, Kleearten und Gemischen in Winter- und Sommergetreide sind in Tabelle 17 aufgeführt. Die Tabelle 18 vermittelt produktionstechnische Daten für Sommerzwischenfrüchte, die als Untersaaten in Getreide gesät werden.

Das **Deutsche Weidelgras** *(Lolium perenne)* wird am häufigsten für Untersaaten verwendet. Die Aussaat erfolgt von März bis Ende April, in dichten Deckfrüchten früher, in lockeren Beständen (z. B. spät gesäter Winterweizen) entsprechend später. Eine Untersaat Ende November/Anfang Dezember in einen z. B. Anfang bis Mitte Oktober ausgesäten Winterweizen ist ebenfalls möglich. Nach der Getreideernte bildet das Deutsche Weidelgras schnell dichte Narben, die für die Begrünung von Ackerflächen und die Futterproduktion genutzt werden können. Meist wird zusätzlich Weißklee in den Saatmischungen verwendet.

Tabelle 17: Untersaaten in Winter- und Sommergetreide zur Futternutzung und Ackerbegrünung

Untersaatarten Saatgutmischungen	Saatstärke kg/ha	Wintergerste	Winterroggen	Winterweizen
Herbstuntersaaten in Wintergetreide				
Deutsches Weidelgras (späte Sorten)	10 – 15	Nov.	Nov./Dez.	Nov./Dez.
Wiesenschwingel	10 – 15	Anf. Nov.	Nov.	Nov.
Knaulgras [1]	8 – 10	Okt./Nov.	Nov.	Nov./Dez.
Rotschwingel (ausläufertreibend)	8 – 10	zur Saat	Nov.	Nov./Dez.
Frühjahrsuntersaaten in Wintergetreide				
Deutsches Weidelgras	10 – 15	Febr./März	Febr./März	Febr./April
Wiesenschwingel	10 – 15	Febr./März	Febr./März	Febr./März
Knaulgras	8 – 10	Febr./März	Febr./März	Febr./April
Rotschwingel	8 – 10	Febr./März	Febr./März	Febr./März
Weißklee	6 – 8	Febr./März	Febr./März	März/April
Rotklee	10 – 15	März/April	April	April
Deutsches Weidelgras + Weißklee	9 + 1	Febr./März	Febr./März	März
Deutsches Weidelgras + Wiesenschwingel + Rotklee + Inkarnatklee	6 + 3 + 0,7 + 0,3	Febr./März	Febr./März	Febr./April
Art/Mischung	**kg/ha**	**Sommergerste**	**Sommerweizen**	**Hafer**
Frühjahrsuntersaaten in Sommergetreide				
Deutsches Weidelgras + Weißklee	9 + 1	3 –4 Blätter	nach Saat	nach Saat
Rotklee + Weißklee	8 + 4	3 – 4 Blätter	3 – 4 Blätter	3 – 4 Blätter
Deutsches Weidelgras + Wiesenschwingel + Rotklee + Inkarnatklee	6 + 3 + 0,7 + 0,3	3 – 4 Blätter	3 – 4 Blätter	3 – 4 Blätter

[1] Im kontinentalen Klimabereich (ausgeprägte Winterruhe) sind die Untersaattermine im Herbst bis Mitte Oktober zu legen, um bis zur Vegetationsruhe das Knaulgras sicher zu etablieren.

Tabelle 18: Produktionstechnische Daten der Pflanzenarten und -gemische bei Untersaat für den Sommerzwischenfruchtbau zur Futtergewinnung und Ackerbegrünung

Art/Gemisch	Saatstärke kg/ha	Erträge dt/ha Trockenmasse	Energieertrag/ha* MJ NEL x 10^3	Wurzeltrockenmasse dt/ha nach Ernte
Welsches Weidelgras	15 – 20	30 – 45	18,9 – 28,3	30 – 40
Deutsches Weidelgras	10 – 15	25 – 40	16,0 – 25,6	30 – 40
Bastardweidelgras	10 – 15	25 – 40	16,0 – 25,6	30 – 40
Rotschwingel	8 – 10	20 – 30	12,2 – 18,3	15 – 25
Knaulgras	8 – 10	30 – 40	18,6 – 24,8	30 – 40
Wiesenschwingel	10 – 15	25 – 35	15,7 – 22,0	20 – 30
Weißklee	6 – 8	15 – 30	9,7 – 19,5	10 – 15
Gelbklee	15 – 20	15 – 30	9,7 – 19,5	10 – 15
Rotklee	10 – 12	20 – 35	12,8 – 22,4	15 – 25
Deutsches Weidelgras + Weißklee	12 + 4	20 – 30	13,0 – 19,5	20 – 30
Welsches Weidelgras + Weißklee	12 + 6	30 – 40	19,2 – 25,6	20 – 30
Welsches Weidelgras + Rotklee + Weißklee	12 + 4 + 4	30 – 40	19,2 – 25,6	20 – 30

* in Anlehnung an DLG-Futterwerttabelle 1997

Das **Bastardweidelgras** (*Lolium* x *boucheanum* Kunth) ist in der Konkurrenzkraft etwas stärker als das Deutsche Weidelgras einzuschätzen, kann aber in ähnlicher Weise für Frühjahrsuntersaaten verwendet werden.

Welsches Weidelgras (*Lolium multiflorum Lam.*) ist eine sich schnell entwickelnde, konkurrenzstarke Untersaat, die in normal entwickeltem Wintergetreide im März bis Ende April ausgesät werden kann. In einem bereits bestockten Winterroggen kann im März, in einem spät gesäten Winterweizen mit Frühjahrsbestockung darf Welsches Weidelgras erst im April untergesät werden. Die Bestockung des Grases erfolgt insbesondere nach Aberntung der Deckfrucht, die Bestände werden meist der Futternutzung zugeführt. Ein idealer Gemengepartner ist der Rotklee.

Rotschwingel *(Festuca rubra rubra)* ist besonders geeignet für die längerfristige Begrünung stillgelegter Ackerflächen. Die langsame Jugendentwicklung, die Verträglichkeit gegen Beschattung, die Robustheit gegen Krankheiten und die geringe Konkurrenzkraft in der Anfangsentwicklung erlauben Untersaaten im Herbst und im zeitigen Frühjahr. Die dichte Narbenbildung nach der Deckfruchternte und die lange Lebensdauer sind ideale Voraussetzungen für pflegearme Bestände mit guter Unkrautunterdrückung.

Knaulgras *(Dactylis glomerata)* und Wiesenschwingel *(Festuca pratensis)* sind ausdauernde Obergräser, die als Untersaat im Herbst und Frühjahr ausgebracht werden können. Der Verwendungsschwerpunkt beider Arten liegt im Bereich der Futternutzung, wobei das Knaulgras bevorzugt auf trockenen Standorten verwendet werden sollte.

Weißklee

Rotklee

Schwedenklee

Seradella

Weißklee *(Trifolium repens)* ist eine ideale Leguminose für Untersaaten, die bereits im zeitigen Frühjahr ausgesät werden kann, wobei die chemische Unkrautbekämpfung in Getreide zusätzlich berücksichtigt werden muss. Weißklee eignet sich sowohl in Reinsaat als auch im Gemenge mit z. B. Deutschem Weidelgras für die Begrünung von Ackerflächen, im Gemenge auch für die Futternutzung. Überwiegende Weißkleebestände haben einen sehr hohen Vorfruchtwert, der auf der biologischen N-Fixierung und der aufgebauten Bodengare beruht.

Rotklee *(Trifolium pratense)* ist eine frohwüchsige, konkurrenzstarke Untersaat und damit ein idealer Mischungspartner zum Welschen Weidelgras. Die Aussaat muss relativ spät in gut entwickelte Getreidebestände erfolgen, um ein zu üppiges Wachstum der Untersaat in der Deckfrucht zu vermeiden. Die Bestände werden meist zur Futternutzung verwendet.

Gelbklee *(Medicago lupulina)* ist relativ trockenheitsverträglich und für leichtere Böden geeignet. Eine Beeinträchtigung der Deckfrucht ist nicht zu erwarten. Hauptsächlich wird er als Gründüngung verwendet, da er vom Vieh nicht gerne aufgenommen wird.

Schwedenklee oder Bastardklee *(Trifolium hybridum)* ist ähnlich wie Rotklee eine aggressive Untersaat und deshalb spät auszusäen.

Serradella *(Ornithophus sativus)* ist eine Futter- und Gründüngungspflanze mit starkem Wurzelwerk, deshalb vorwiegend auf Sandböden angebaut. Die Aussaat kann als Unter- und Stoppelsaat erfolgen.

Die praktische Bedeutung der drei zuletzt genannten Leguminosen ist heute relativ gering. Es erfolgt kaum eine züchterische Bearbeitung der Arten, die Saatgutproduktion ist schwierig und die Saatgutversorgung entsprechend unsicher.

6.2 Untersaaten in Mais

Mais ist eine sehr stark von der Temperatur abhängige Kulturpflanze, die deshalb erst relativ spät ausgesät werden kann und nur fünf bis sechs Monate Vegetationszeit von der Saat bis zur Ernte benötigt. Aus ökologischer Sicht sind die Zeiträume vor der Saat, während der Jugendentwicklung und nach der Ernte kritisch zu beurteilen, da die Böden keinen oder kaum Schutz durch eine ausreichend dichte Vegetationsdecke aufweisen. Untersaaten können den Zeitraum von der Abreife des Maises bis zum Anbau der nachfolgenden Sommerung überbrücken, Biomasse aufbauen, den Boden vor Erosion schützen, die Bodengare fördern und auswaschungsgefährdeten Stickstoff in pflanzlicher Trockenmasse binden.

Untersaatsysteme in Mais müssen sich den standörtlichen und betrieblichen Gegebenheiten anpassen. Für die Stabilität des Ertrages ist die Terminierung der Untersaat von Bedeutung. Mais benötigt einen Entwicklungsvorsprung, besonders in kühlen und nassen Jahren, bis die Untersaat eingebracht wird. Gräser wachsen auch bei niedrigen Temperaturen, während das Maiswachstum stagniert. Sehr frühe Untersaaten sind deshalb risikoreich, wenn nicht über die Artenwahl und Saatmenge (z. B. Rotschwingel) entsprechend gesteuert wird. Ab dem 2- bis 3-Blattstadium wird das Risiko zunehmend ge-

Grasuntersaat in Mais

ringer. Gräser benötigen dann noch 12 – 20 Tage zum Auflaufen, während der Mais sich weiterentwickelt. Späte Sorten z. B. das Deutsche Weidelgras sind diesen Zielsetzungen besonders angepasst. Bis zur Bestockung der Gräser ist der Mais so weit entwickelt, dass eine zunehmende Beschattung und damit Entwicklungsverzögerung der Untersaat gegeben ist. Diese wird erst in der Abreife des Maises wieder ab-

Tabelle 19: Anbauhinweise für Grasuntersaaten in Mais

Einsaattermine nach Maisentwicklung	Grasart	Saatmenge kg/ha	Technik
zur Maissaat	Rotschwingel	4	Drillsaat
Spitzen Mais	Rotschwingel	4 – 5	Drillsaat
2. – 3. Blatt	Deutsches Weidelgras	4 – 5	Drillsaat
	Knaulgras	4 – 5	Drillsaat
5. – 6. Blatt	Deutsches Weidelgras	4 – 5	Drillsaat
	Knaulgras	4 – 5	Drillsaat
ab 30 cm Wuchshöhe	Welsches Weidelgras	15 – 30	Breitsaat

Sehr frühe Untersaaten nur bei massenwüchsigen Silomaissorten. Die Kosten für Saatgut und Technik betragen bei Untersaaten bis zum 5. – 6. Blatt ca. 40 – 60 DM/ha, bei später Untersaat mit dem Welschen Weidelgras um 100,– DM/ha. Nur bei wenig sachgerechter Terminierung der Untersaat und zu hohen Saatmengen bestehen Ertragsrisiken für den Mais (siehe auch Hinweise im Text).

gebaut. Konkurrenzstarke Gräser wie das Welsche Weidelgras dürfen deshalb erst ausgesät werden, wenn der Mais bereits über eine ausreichende Konkurrenzkraft (ab 30 cm Wuchshöhe) verfügt (Tabelle 19).

Maissorten beeinflussen über ihren Wuchshabitus (hochwüchsige Silomaistypen, kurzstrohiger Körnermais) die Lichtverhältnisse im Bestand und die Entwicklung der Untersaaten. In lichtdurchlässigen Beständen wird die Grasentwicklung gefördert, der Termin der Untersaat muss also verzögert werden, in dichten Silomaisbeständen sind frühere Einsaaten unproblematischer. Zusätzlich variiert die Strategie

Die Verwendung praxisüblicher Drillmaschinen zur Graseinsaat in den Maisbestand ist möglich

der Unkrautregulierung (Reihenhacke, Bandspritze oder nur chemisch) den möglichen Untersaattermin. Probleme mit Ungräsern verhindern häufig Gräser-Untersaaten. Dennoch ist die Kombination von chemischer Unkrautbekämpfung und Untersaaten möglich; entsprechende Informationen sind bei der Pflanzenbauberatung nachzufragen.

Frühe Untersaaten werden meist mit drei Drillreihen im Abstand von 20 – 25 cm zu den Maisreihen eingesät, späte Untersaaten erlauben den Einsatz von Reihendünger- und Pneumatic-Düngerstreuern. Wichtig ist, das Saatgut mit Fallrohren zwischen die Reihen unter das Blätterdach des Maises auszubringen, um durch diese gezielte Aussaat Saatgut zu sparen.

Gut gelungene Untersaaten können bis zum Spätherbst nach der Maisernte etwa 10 – 20 dt/ha Trockenmasse produzieren und damit bis zu 60 kg/ha N fixieren.

6.3 Untersaaten in Körnerleguminosen

Körnerleguminosen sind gekennzeichnet durch ihren hohen Vorfruchtwert und sie sind in Symbiose mit Knöllchenbakterien erwünschte Stickstofflieferanten. Ökologisch und pflanzenbaulich bemerkenswert ist die Anreicherung des Bodens mit verfügbarem Stickstoff, besonders in der Zeit nach der Ernte der Körnerleguminosen mit der Konsequenz des potenziellen Stickstoffaustrags während der winterlichen Auswaschungsperiode. Nach Körnererbsen verbleibt in der Regel genügend Zeit zum Anbau von Zwischenfrüchten durch Stoppelsaaten, um durch die Produktion von Trockenmasse eine Stickstoffsenke aufzubauen. Nach Ackerbohnen ist dies aus zeitlichen Gründen (späte Ernte) nicht mehr möglich, so dass Untersaaten diese Funktion übernehmen müssen. Da im integrierten Pflanzenbau die Unkrautregulierung vorwiegend auf chemischem Wege erfolgt, werden meist Gräser für die Untersaat verwendet. Im ökologischen Landbau werden dagegen Ölrettich oder Senf empfohlen, da diese erst nach der letzten Unkrauthacke in Ackerbohnenbestände mit weiten Reihenabständen eingesät werden.

Gräser-Untersaaten in Ackerbohnen können mit verschiedenen Arten und zu verschiedenen Terminen erfolgen. Mehrjährige Untersuchungen haben ergeben, dass bei Einsaaten der Gräser nach der Ackerbohnensaat (vor dem Aufgang) bis etwa 10 – 12 cm Wuchshöhe keine Ertragseinbußen auftreten (Tabelle 20). Deshalb kann sich der Untersaattermin an der Herbizidstrategie orientieren. Bewährt hat sich die Drillsaat mit 4 – 5 kg/ha Deutsches Weidelgras oder Knaulgras (späte Sorten) nach der Saat vor Aufgang der Ackerbohnen und vor dem Herbizideinsatz. Die Gras-Drillsaat kann ohne Berücksichtigung der Ackerbohnenreihen mit leichten Pflegeschleppern mit möglichst abgesenktem Reifendruck erfolgen. Die mechanische Unkrautregulierung mit Striegel oder Hacke erfordert dagegen späte Untersaaten mit dem Welschen Weidelgras, das diesen Bedingungen besser angepasst ist. Wichtig ist eine möglichst hohe Produktion von Gras-Biomasse (10 – 20 dt/ha TM), um den Stickstoffpool des Bodens zu entleeren. Nachfolgende

Gräseruntersaat in Ackerbohnen

Sommerungen ermöglichen im Herbst eine längere Vegetationszeit für die Entwicklung der Gräser.

Von Bedeutung für die Wahl geeigneter Untersaattermine ist auch die Sortenwahl bei den Ackerbohnen. Langstrohige Sorten, wie z. B. Alfred, erlauben praktisch sehr frühe Untersaaten, während in Kurzstrohsorten erst ab 10 cm Wuchshöhe Gras eingesät werden kann. Ähnliches gilt für zunehmende Reihenentfernungen von 10 – 15 cm bis hin zu 45 cm Reihenabstand. Entscheidend für diese Differenzierungen sind die Lichtverhältnisse in den Beständen.

Durch Grasuntersaaten kann die N-Auswaschung in der Versickerungsperiode nach Ackerbohnen deutlich vermindert werden. Allerdings erfolgt die Stickstofffreisetzung aus der Grastrockenmasse nach Einarbeitung nur sehr langsam, so dass ohne ergänzende Stickstoffdüngung bei Folgekulturen Ertragsverluste auftreten. Dies gilt besonders dann, wenn die Untersaaten über Winter erhalten bleiben, sich besser entwickeln und vor Mais umgebrochen werden. Frühere Umbruchtermine und die Intensität der Einarbeitung sind Kriterien, um eine zügigere N-Freisetzung aus der umsetzungsträgen Gras-Biomasse zu fördern.

Für Körnererbsen liegen bisher nur sehr wenige Erfahrungen mit Untersaaten vor. Erste Hinweise aus dem Grassamenanbau zeigen, dass Rotschwingel aufgrund seiner langsamen Jugendentwicklung bereits früh eingesät werden kann und keine Ertragsrisiken zu erwarten sind.

Tabelle 20: Ertragsleistung von Ackerbohnen (Sorte Alfred) mit Untersaaten (Saattermin nach Saat der Ackerbohnen, vor Aufgang, Mittel von drei Jahren)

Untersaat	Ertrag Ackerbohnen dt/ha	TKG g	Ertrag Untersaat dt/ha TM im Spätherbst
Kontrolle (ohne Untersaat)	44,0	453	–
Deutsches Weidelgras 5 kg/ha	42,3	453	12,8
Rotschwingel 5 kg/ha	43,3	453	9,2
Knaulgras 5 kg/ha	42,3	458	11,7

7 Integration von Zwischenfrüchten in Anbausystemen

7.1 Boden- und Klimaansprüche

Für den Anbau von Sommer- und Winterzwischenfrüchten für die verschiedensten Verwendungsbereiche sind die Bodenverhältnisse von entscheidender Bedeutung. Leichte und mittlere Böden eignen sich hinsichtlich der Bearbeitbarkeit und zügigen Saatbettbereitung besser für den Zwischenfruchtbau als schwer zu bearbeitende, tonige Böden, auf denen

Zwischenfruchtanbau bietet sich für alle Bodenarten an

nur mit hohem Aufwand ein den Zwischenfrüchten (meist kleine Samen) zusagendes Saatbett zu erstellen ist. Dabei spielt auch die Erwärmbarkeit der Böden, die Luft- und Wasserführung über ein funktionsgerechtes Porensystem eine Rolle. Primär dürfte die rasche und kostengünstige Bodenbearbeitung nach Aberntung der Vorfrucht im Hinblick auf die begrenzt zur Verfügung stehende Vegetationszeit – vor allem bei beabsichtigter Futterproduktion – das entscheidende Kriterium sein. Bei in guter Struktur befindlichen Böden reicht eine flache Bearbeitung meist aus, um eine exakte Saatgutablage und hohe Feldaufgänge zu gewährleisten. Auch die Direktsaattechnik mit hoher Flächenleistung bietet sich für die sichere Saatguteinbringung in den Boden an.

Grundsätzlich schließt keine Bodenart den Zwischenfruchtanbau aus. Auf schweren, tonigen Böden sowie auch auf allen anderen kann die Untersaat als Ansaatform gewählt werden, um hohe Kosten oder auch um eine eventuell nicht termingerecht durchzuführende Zwischenfruchtaussaat nach der Getreideernte zu vermeiden. In diesen Fällen beschränkt sich das verfügbare Artenspektrum auf untersaatgeeignete Gräser und Kleearten.

Die Klimaverhältnisse eines Standortes sowie der Witterungsablauf im jeweiligen Jahr entscheiden ebenfalls über den Erfolg des Zwischenfruchtbaues. Von Bedeutung ist die Dauer der Vegetationszeit nach Aberntung der Vorfrucht. Nach BEINHAUER (1977) können Wachstum und Ertrag der Zwischenfrüchte zu 70 % und mehr durch Witterungsfaktoren erklärt werden. Diese sind

- photosynthetisch aktive Strahlung
- Temperatur der Luft und des Bodens
- Boden- und Luftfeuchtigkeit, Niederschläge.

Je später Zwischenfrüchte ausgesät werden, desto ungünstiger werden die Voraussetzungen für hohe Assimilationsleistungen oder Trockenmassegewinne. Kürzer werdende Tage und zunehmende Bewölkung reduzieren hohe Einstrahlungswerte und vermindern die Wachstumsrate, da weniger Nährstoffe aufgenommen und weniger Wasser über den Transpirationsstrom verdunsten kann. Auch die Wasserversorgung ist häufig ein begrenzender Faktor. Unterstellt man eine produzierte Gesamttrockenmasse (ober- und unterirdisch) von 50 dt/ha und einen Transpirationskoeffizienten von 200 l Wasser/kg TM, so besteht ein Wasserbedarf von ca. 100 l/m^2, der aus Bodenwasservorräten und aus Niederschlägen gedeckt werden muss. Grundsätzlich entscheidet die Wachstumsdauer der Zwischenfruchtbestände über die Ertragsbildung und damit über die Gunst des Standortes.

Sinkt die Wachstumsdauer, müssen spätsaatverträgliche Arten wie Senf, Rübsen u. a. bevorzugt werden. Auf Standorten mit kurzer Vegetationsperiode sind deshalb mit Untersaaten statt Stoppelsaaten Zwischenfruchtbestände leichter zu erstellen. Eine Begrenzung der Zwischenfrucht-Vegetationszeit erfolgt auch durch abnehmende Temperaturen. Bei 8...9 °C Tagesmitteltemperatur dürfte die Grenze für deutliche Trockenmassegewinne erreicht sein. Auch unter diesem Aspekt ist es zweckmäßig, die im Juli/August noch möglichen hohen Zuwachsraten für die Etablierung der Bestände und insbesondere für die Futterproduktion auszunutzen.

7.2 Fruchtfolgegestaltung mit Zwischenfrüchten

Pflanzenbauliche Produktionssysteme mit hoher biologischer Selbstregulation sind immer durch eine entsprechende Vielfalt im Kulturpflanzenspektrum gekennzeichnet. Vor dem Hintergrund der Agenda 2000, der Liberalisierung der Agrarmärkte und nationalen Sparpaketen sowie der Verteuerung von z. B. Treibstoffen ist zu vermuten, dass die bereits relativ engen Anbausysteme mit zwei bis drei Hauptkulturen noch weiter verengt werden und Monokulturcharakter annehmen. Damit werden die früher üblichen Formen der Nutzung pflanzenbaulicher Regelmechanismen vielfältiger Fruchtfolgen weitgehend außer Kraft gesetzt, Kompensationseffekte sind nicht mehr möglich. Unter diesen Gegebenheiten nimmt der Zwischenfruchtbau eine noch stärkere Schlüsselfunktion ein. Die Wirkungen ungünstiger Anbaufolgen müssen durch den Zwischenfruchtbau aufgefangen werden, wobei die Kurzfristigkeit des Anbaues dieses nicht vollständig gewährleisten kann.

Aus Sicht einer umweltverträglichen Pflanzenproduktion haben Zwischenfrüchte Bedeutung:

○ zum Schutz des Bodens gegen Wind- und Wassererosion und Erhaltung der Bodengare,

○ als Nährstoffspeicher für Restnährstoffe der Vorfrucht und zur Minimierung des Nitrataustrages während der winterlichen Auswaschungsperiode,

○ zur Versorgung der Böden mit organischer Substanz zur Verbesserung der bodenbiologischen Aktivität und damit zusammenhängend des Abbaues von Pflanzenschutzmittel-Rückständen,

○ zur gezielten Bekämpfung von Fruchtfolgeschädlingen wie Nematoden im Zuckerrübenanbau.

Zwischenfrüchte bereichern die Fruchtfolge

Die Notwendigkeit von Maßnahmen des Bodenschutzes gegen Wind- und Wassererosion sowie zur Erhaltung und Verbesserung der Bodenfruchtbarkeit durch Anbau von Zwischenfrüchten wird von der

Praxis zunehmend erkannt. Insbesondere bei Frühjahrsaussaaten von Hauptkulturen ist der Boden in der vorhergehenden Überwinterungsperiode ohne Begrünungsmaßnahmen nicht geschützt, bei Silomais-Monokultur praktisch über einen Zeitraum von sieben Monaten. Besondere Probleme bereiten hinsichtlich der Erosionsanfälligkeit die Reihenkulturen Rüben und Mais. Zwischenfruchtanbau in Verbindung mit Mulchsaattechnik ermöglicht hier einen effektiven Bodenschutz bis zum Reihenschluss dieser Blattfrüchte. Gleiches gilt für Ackerbohnen. Untersaaten mit geeigneten Gräsern in Mais und Ackerbohnen können ab der Reife dieser Kulturen Funktionen des Boden- und Umweltschutzes ausüben.

Durch stickstoffbedürftige Zwischenfrüchte lassen sich auch erhebliche Stickstoffmengen vor Auswaschung schützen. Durch den Aufbau von Trockenmasse in Spross und Wurzeln wird Stickstoff organisch gebunden und kann erst durch Mineralisation wieder verfügbar werden. Das Potenzial zur Stickstoffbindung kann durch pflanzenbauliche Maßnahmen (Art, Sorte, Saatzeit, N-Angebot u. a.) gesteuert werden und durchaus bis zu 150 bis 180 kg/ha N betragen. Von besonderer Bedeutung sind diese Zusammenhänge bei Gülledüngung. Dabei ist die Ausbringungsmenge an der möglichen Aufnahmekapazität des Zwischenfruchtbestandes unter zusätzlicher Berücksichtigung des bodenbürtigen Nitratangebotes sowie den gesetzlichen Regelungen (Düngeverordnung) auszurichten. Zwischen der Trockenmassebildung und der Stickstoffbindung besteht eine enge Korrelation. Spätsaaten können deshalb nur noch relativ wenig Stickstoff aufnehmen.

Die Versorgung der Böden mit organischer Substanz durch Zwischenfrüchte dient der Erhaltung und Verbesserung der Bodenfruchtbarkeit. Die durch Beschattung und Durchwurzelung bedingte Krümelbildung bewirkt den Garezustand des Bodens, der durch eine hohe bodenbiologische Aktivität gekennzeichnet ist. Dadurch werden Restsubstanzen vorhergehender Kulturen sowie Rückstände von Pflanzenschutzmitteln schneller abgebaut und Infektionsketten spezifischer Pflanzenkrankheiten (z. B. Halmbruch, Schwarzbeinigkeit u. a.) unterbrochen. Aus pflanzenbaulicher Sicht besteht meist kein Grund, den nach Zwischenfrüchten im Garezustand befindlichen Boden für die Folgekultur erneut zu pflügen oder tief zu bearbeiten. Die biologische Bekämpfung von Rübennematoden mit Hilfe von resistenten Ölrettich- und Senfsorten ist ein besonders umweltverträgliches Verfahren mit allen zusätzlichen Vorteilen des Zwischenfruchtbaues durch Bodenschutz und Nährstoffbindung.

Der Vorfruchtwert von Zwischenfrüchten ist abhängig von den verwendeten Arten und Sorten sowie von der Wurzel- bzw. Sprosstrockenmasse. Zusätzlich spielt die Einarbeitungstechnik eine große Rolle. Mehrjährige Untersuchungen zeigen, dass

Tabelle 21: Integration von Zwischenfrüchten in eine dreifeldrige Fruchtfolge (36 Monate Umlaufzeit)			
Fruchtfolgesystem		Anbauzeiten (Monate)	
		ohne	mit
		Zwischenfrüchten	
1. Zuckerrüben	7		7
2. Winterweizen	10		10
3. Wintergerste, danach Stoppelsaat Senf	10 –		10 4
	27	Monate	31

Hinweis: Mit Hilfe der Stoppelsaat Senf wird die Zeit der Bodenbedeckung von 27 auf 31 Monate (bis zur Pflugfurche im November) verlängert. Erfolgt die Bestellung der Zuckerrüben in Mulchsaat, wird eine Bodenbedeckung von 34 Monaten erreicht. Es verbleiben lediglich 2 Monate Brachezeit.

Tabelle 22: Integration von Zwischenfrüchten in eine vierfeldrige Fruchtfolge (48 Monate Umlaufzeit)

Fruchtfolgesystem	Anbauzeiten (Monate)		
	ohne		mit
	Zwischenfrüchten		
1. Kartoffeln	5,5		5,5
2. Winterroggen mit Untersaat	10		10
Kleegras	–		7
3. Hafer	5,5		5,5
4. Wintergerste, danach	10		10
Stoppelsaat Ölrettich	–		–
	31	Monate	46

Hinweis: Untersaat und Stoppelsaat (evtl. auch Mulchpflanzung der Kartoffel) verlängern den Zeitraum der Bodenbedeckung um 15 Monate. Von 48 Monaten Umlaufzeit verbleiben nur 2 Monate in Form der Feldbrache.

durch Zwischenfruchtbau Mehrerträge bei den Folgekulturen relativ sicher und Einsparungen bei der Stickstoffdüngung möglich sind, so dass auch aus ökonomischer Sicht alle Aspekte für eine Integration von Zwischenfrüchten in Fruchtfolgesysteme sprechen.

Beispiele zur Integration von Zwischenfrüchten in Fruchtfolgesysteme sind in den Tabellen 21 bis 23 aufgeführt. Zielsetzung ist eine möglichst rotationsumfassende Bodenbedeckung mit Kultur- und Begrünungspflanzen.

Zeiträume unvermeidbarer Brache sollten vorwiegend in die Sommermonate fallen, um bei trockenen Bodenbedingungen notwendige Verfahren der Bodenbearbeitung (z. B. tiefe Lockerung) bodenschonend erledigen zu können.

Tabelle 23: Integration von Zwischenfrüchten in eine sechsfeldrige Fruchtfolge (72 Monate Umlaufzeit)

Fruchtfolgesystem	Anbauzeiten (Monate)		
	ohne		mit
	Zwischenfrüchten		
1. Mais (nach Pflugfurche)	6		6
2. Winterweizen (nach Pflugfurche)	10		10
3. Wintergerste, danach Zwischenfrucht Senf	10		18
4. Zuckerrüben (in Mulchsaat)	7		7
5. Winterweizen (mit Untersaat oder Stoppelsaat)	10		16
6. Ackerbohnen mit Gras-Untersaat	6		12
	49	Monate	69

Hinweis: Zwischenfrüchte verlängern den Zeitraum der Bodenbedeckung um 20 Monate. Brache ist begrenzt auf 3 Monate in der sechsjährigen Rotation.

7.3 Düngung im Zwischen-fruchtbau

Für die Nährstoffversorgung von Sommer- und Winterzwischenfrüchten können keine allgemeingültigen Bemessungswerte angegeben werden, da die Höhe der notwendigen Nährstoffzufuhr von zahlreichen Kriterien wie Verwendungszweck, Bodenversorgung, Nachlieferungspotenzial, Mischungszusammensetzung und Pflanzenarten sowie der Saatzeit und noch möglicher Trockenmassebildung u. a. bestimmt wird. Fehler in der Produktionstechnik (falsch terminierte Bodenbearbeitung, zu späte Saat) lassen sich grundsätzlich nicht durch erhöhte Düngergaben ausgleichen. Verspätete Saattermine und zu hohe N-Gaben – häufig in Verbindung mit einer sehr hohen N-Nachlieferung des Bodens – führen bei Frischverfütterung von z. B. Raps-, Stoppelrüben- oder Gräserbeständen zu einer besonders starken Gefährdung der Tiere durch zu hohe Nitratwerte im Aufwuchs, die den Grenzwert von 0,5 mg/kg TM

Für die Düngung im Zwischenfruchtanbau gibt es keine allgemeingültigen Bemessungswerte. Wichtig sind zügige Jugendentwicklung und dichte Bestände

z. T. sehr deutlich überschreiten. Die Wahrscheinlichkeit dafür ist dann gegeben, wenn neben dem Überangebot an Stickstoff noch ungünstige Assimilationsbedingungen (bedeckter Himmel, wenig Licht, kürzer werdende Tage) vorherrschen, die eine Weiterverarbeitung des aufgenommenen Nitrates im Stoffwechsel der

Tabelle 24: Trockenmasseerträge (dt/ha) und organische Wurzeltrockenmasse (dt/ha) von Zwischenfrüchten sowie Stickstoffbindung (kg/ha N) im Erntegut

Zwischenfrucht	Trockenmasse-ertrag dt/ha (Erntegut)	N-Bindung im Erntegut kg/ha	OrganischeWurzel-trockenmasse dt/ha
Ackerbohnen	40 – 50	130 – 160	15 – 20
Futtererbsen	30 – 35	100 – 120	8 – 12
Sommerwicken	30 – 35	120 – 140	8 – 12
Lupinenarten	35 – 45	110 – 140	15 – 25
Perserklee	20 – 30	70 – 100	5 – 12
Alexandrinerklee	20 – 30	60 – 90	5 – 12
Einj./Welsches Weidelgras	30 – 40	90 – 120	15 – 25
Stoppelrüben	45 – 65	140 – 180	–
Sommerraps	35 – 45	100 – 130	15 – 22
Winterraps	35 – 45	100 – 130	15 – 20
Winterrübsen	30 – 40	90 – 130	15 – 20
Phacelia	25 – 35	70 – 100	10 – 12
Ölrettich	40 – 50	110 – 140	15 – 25
Senf	30 – 40	100 – 130	10 – 15

Pflanze verzögern und damit zur Nitratanreicherung in den oberirdischen Pflanzenteilen führen.

Anhaltspunkte zur Bemessung von Düngergaben und Informationen zur Berechnung von Nährstoffbilanzen liefern Angaben zu den Nährstoffentzügen im Zwischenfruchtbau. Bei Futternutzung und Abfuhr des gesamten oberirdischen Aufwuchses vom Feld werden die Entzugswerte in der Düngerbilanzrechnung der gesamten Fruchtfolge berücksichtigt. Verbleibt der Aufwuchs auf dem Felde, stehen die Nährstoffe nach der Umsetzung und Mineralisierung der organischen Substanz im Zeitverlauf wieder zur Verfügung. Bei Phosphat und Kali kann man diesbezüglich von einer vollständigen Ausnutzung ausgehen, während beim Stickstoff je nach Termin der Einarbeitung der organischen Substanz und anderen Einflussgrößen (Witterung, Saat der Folgekultur u. a.) mehr oder weniger große Verluste (Auswaschung) auftreten können. Die Nährstoffbindung wird entscheidend von der Trockenmasseproduktion bestimmt. Hohe Nährstoffentzüge setzen hohe Erträge voraus. In der Tabelle 24 sind Ertragsleistungen und Stickstoffentzüge mit dem oberirdischen Aufwuchs aufgeführt. Diese Entzugswerte erhöhen sich nach Angaben der Bayerischen Landesanstalt für Bodenkultur und Pflanzenbau um 25 – 30 %, wenn zusätzlich der zum Aufbau der Wurzel- und Stoppelrückstände benötigte Stickstoff berücksichtigt wird. Die Tabelle 25 vermittelt Informationen über die sonstigen Nährstoffentzüge bei ausgewählten Zwischenfruchtarten. Insbesondere im Futterbau sind beachtliche Nährstoffabfuhren zu berücksichtigen, die in Fruchtfolge-Düngungsstrategien beachtet werden müssen. Die hohen Nährstoffentzüge der Stoppelrüben resultieren sowohl aus den hohen Erträgen als auch daraus, dass kaum Wurzelrückstände im Boden verbleiben.

Fehler in der Produktionstechnik lassen sich nicht durch erhöhte Düngergaben ausgleichen

Tabelle 25: Nährstoffentzüge (kg/ha) einiger Zwischenfrüchte bei angegebener Trockenmasse-Ertragsleistung

Zwischenfrucht	TM-Ertrag dt/ha	Nährstoffentzüge kg/ha				
		N	P_2O_5	K_2O	MgO	CaO
Raps	40	115	45	125	17	150
Senf	30	100	35	90	20	110
Ölrettich	40	120	45	160	18	125
Sonnenblumen	40	120	45	180	25	175
Erbsen/Wicken	40	130	35	130	20	65
Einj./Welsches Weidelgras	35	110	35	100	20	80
Stoppelrüben	50	160	65	290	23	–

Bei der Versorgung der Böden mit Grundnährstoffen steht nicht so sehr die Zwischenfrucht, sondern die gesamte Fruchtfolge im Vordergrund. Kalk wird meist nach einer Getreidevorfrucht vor der Aussaat der Zwischenfrüchte ausgebracht, Phosphat und Kali häufig im Frühjahr zur jeweiligen Hauptfrucht. Die Höhe der Düngergaben richtet sich nach den Versorgungswerten der Böden, angestrebt wird Versorgungsstufe C. Die Kalkdüngung sollte den am Standort orientierten pH-Wert anstreben. Bei intensivem Raps- oder Stoppelrübenanbau ist ein höherer pH-Wert vorteilhaft, um das Auftreten der Kohlhernie (Wurzelkrankheit) einzuschränken.

Organische Düngemittel, wie z.B. Hühnertrockenkot, sind im Zwischenfruchtanbau ideal einzusetzen

Stickstoff fördert in besonderem Maße die Ertragsbildung der Zwischenfrüchte. Hohe Erträge erfordern eine entsprechende Versorgung der Bestände, wobei es unerheblich ist, aus welchen Quellen der Stickstoff zur Verfügung gestellt wird. Ist das bodenbürtige N-Angebot hoch (z. B. nach Körnererbsen), kann die mineralische und organische Düngung reduziert werden. Eine Start-N-Gabe von 30 – 60 kg/ha ist bei stickstoffbedürftigen Zwischenfrüchten – je nach Standort – meist erforderlich, um die Jugendentwicklung und Ertragsbildung zu fördern. Eine Unterversorgung in der Anfangsentwicklung führt meist zu unbefriedigenden Beständen. Leguminosen benötigen dagegen keine N-Gabe; dies gilt auch für Mischbestände mit überwiegendem Leguminosenanteil. Verbleibt das Getreidestroh auf dem Acker und wird zusätzlich eine Gründüngung ausgesät, ist das N-Festlegungspotenzial des Strohs zu berücksichtigen. Eine N-Ausgleichsdüngung hat diesen Tatbestand und die Anforderung der Zwischenfrucht zu berücksichtigen.

Futterzwischenfrüchte mit hohen Erträgen und entsprechend früher Saatzeit benötigen etwa 80 bis 100 kg/ha N, um das Ertragsvermögen auszuschöpfen. Bei Saatzeitverzögerung verringert sich die N-Menge, ebenso bei beabsichtigter Gründüngung auf 30 – 60 kg/ha. Ähnliches gilt für Kleegrasgemische mit Kleeanteilen unter 50 %. N-bedürftige Winterzwischenfrüchte benötigen im Herbst meist keinen zusätzlichen Stickstoff (Ausnahme Herbstvornutzung beim Welschen Weidelgras), im Frühjahr zu Vegetationsbeginn dagegen 80 – 120 kg/ha N, um die hohen Zuwachsraten an Trockenmasse abzusichern.

Für N-bedürftige Untersaaten (Gräser) gelten ähnliche Regeln wie für Stoppelsaaten.

Organische Düngemittel (Gülle, Jauche) sind entsprechend ihrem Nährstoffgehalt im Zwischenfruchtbau ideal einzusetzen. Die Ausbringung vor der Saat in Verbindung mit der sofortigen flachen Einarbeitung erhöht die Verfügbarkeit des Stickstoffs bereits in der Jugendentwicklung und vermindert N-Verluste durch Ammoniak-Entgasung. Diese technische Verfahrensweise entspricht den Vorgaben der Düngeverordnung vom 26. Januar 1996 im § 3, der „besondere Grundsätze für die Anwendung von Wirtschaftsdüngern tierischer Herkunft" regelt. Dort ist allerdings auch vermerkt, dass nach der Ernte der Hauptfrucht zu Zwischenfrüchten maximal 40 kg/ha Ammoniumstickstoff oder 80 kg/ha Gesamtstickstoff aus Wirtschaftsdüngern (Gülle, Jauche, flüssiger Geflügelkot) ausgebracht werden dürfen.

Dieses N-Angebot dürfte auf wenig nachliefernden Standorten für hohe Trockenmasseerträge im Zwischenfrucht-Futterbau nicht ausreichend sein. Durch diese Begrenzung des Einsatzes organischer Düngemittel wird der Überdüngung (vor allem mit Gülle) vorgebeugt, um Umweltbelastungen durch zu hohe Nitratwerte im Boden im Spätherbst vor Beginn der winterlichen Auswaschungsperiode zu vermeiden.

7.4 Ökologische Aspekte des Zwischenfruchtbaues

7.4.1 Bodenschutz mit Zwischenfrüchten

Bodenschutz mit Zwischenfrüchten in Zuckerrüben

Der Boden ist in der Landwirtschaft die wichtigste Ressource und bedarf deshalb des besonderen Schutzes. Das am 1. März 1999 in Kraft gesetzte Bundesbodenschutzgesetz thematisiert im § 17 die landwirtschaftlichen Belange des Bodenschutzes. Nachhaltige Bodennutzung und Schutz des Bodens bedeutet in der Landwirtschaft „Erhaltung und Förderung der Bodenfruchtbarkeit". Bewertet am Nährstoffgehalt dürfte die Fruchtbarkeit und Ertragsfähigkeit der Acker- und Grünlandflächen, die nach den Regeln der guten fachlichen Praxis bewirtschaftet werden, als hoch einzuschätzen sein. Im Rahmen der modernen Produktionsverfahren bestehen aber auch Gefahren für Bodenfruchtbarkeit, die erkannt und möglichst vermieden werden müssen. Dazu zählen (nach DIEZ et al. 1998)

○ Erosionsschäden
○ Strukturschäden
○ Nährstoffversorgung und -überfluss
○ Humusschwund
○ Beeinträchtigungen des Bodenlebens
○ Schadstoffbelastungen.

Unter dauerhaft vorhandenen Pflanzendecken (wie z. B. Dauergrünlandflächen) sind in der Regel keine besonderen Probleme des Bodenschutzes festzustellen. Auf Ackerflächen müssen dagegen Pflanzenbestände ständig aufgebaut und durch Erntemaßnah-

men „abgebaut" werden, wodurch sich je nach Kulturpflanze unterschiedliche Zeiträume der Bodenbedeckung ergeben. Im Extrem ist bei der Monokultur Silomais der Boden nur etwa 5 – 6 Monate mit dieser Kultur bestellt, wobei in der Jugendentwicklung noch ein unzureichender Bodenschutz durch zu geringe und sehr langsame Pflanzenentwicklung festzustellen ist. Ähnliches gilt für Zuckerrüben und weitere Kulturen. Durch die Planung von Fruchtfolgen mit dem räumlichen Nebeneinander und dem zeitlichen Nacheinander der Kulturen sind die Zeiträume mangelnder Bodenbedeckung einzugrenzen. Eine wichtige Funktion in diesem Zusammenhang hat der Zwischenfruchtbau; Futter- und Begrünungspflanzen füllen freie Vegetationszeiträume aus, die lebende und abgestorbene Biomasse bedeckt den Boden und gewährleistet dadurch den Schutz des Bodens gegen Wind- und Wassererosion. Durch Mulchdecken geschützte Böden zeigen eine deutlich verbesserte Wasserinfiltration und vermindern oder verhindern den Oberflächenabfluss (Tabelle 26), der zu Bodenabtrag und zum Eintrag von Phosphat in Oberflächengewässer führt. Bodenerosion

Tabelle 26: Wasserabfluss und Bodenabtrag bei Maisanbau mit und ohne Zwischenfrucht in Hanglage (Datenerhebung Dezember – Oktober, 634 mm Niederschlag, nach SCHÄFER 1986)

Messgröße	Ohne Zwischenfrucht (Brache)	Maisanbau mit Zwischenfrucht		
		Senf	Klee	Gras
Wasserabfluss in l/Parzelle	130	9	6	8
relativ	100	7	5	6
Bodenabtrag in g/m²	430	113	138	68
relativ	100	26	32	26

Bodenerosion in Mais

tritt immer dann verstärkt auf, wenn zusätzlich Strukturschäden wie Bodenverdichtungen und Bodenverschlämmungen vorhanden sind. Selbst auf schwach geneigten Flächen und bei z. B. Spätsaaten Winterweizen können erhebliche Schäden durch Schicht-, Rillen- und Grabenerosion sowie Ablagerung des Bodenmaterials in Gräben und auf Straßen entstehen. Die Tabelle 27 vermittelt eine systematische Darstellung der Onsite- und Offsite-Schäden durch Bodenerosion.

Durch Zwischenfruchtanbau und Mulchsaattechnik (meist zu Sommerungen) kann der unter Zwischenfrüchten aufgebaute Garezustand des Bodens zum Nutzen der Folgekultur lange erhalten werden.

7.4.2 Biologische Aktivität, Krumenstabilität

Für die Bodenfruchtbarkeit und pflanzenbauliche Anforderungen ist die Versorgung der Böden mit organischer Substanz von grundsätzlicher Bedeutung. Der Zwischenfruchtbau hat auch unter diesem Aspekt besondere Funktionen zu erfüllen, da die ober- und unterirdische Biomasse (je nach Art über 50 dt/ha TM) zum Ausgleich von Humusbilanzen beiträgt. Durch regelmäßige organische Düngung wird nicht nur physikalisch ein stabiles Bodengefüge erzeugt und bewahrt, sondern durch die intensiven stofflichen Umsetzungsvorgänge in biologisch aktiven Böden wird auch das Nährstoffangebot für die Pflanzen deutlich verbes-

Tabelle 27: Onsite- und Offsite-Schäden durch Bodenerosion (WERNER et al. 1995)

Onsite-Schäden Erosionsbereich	Offsite-Schäden Anlandungsbereich	
	Hangfuß	weitere Anlandungsbereiche
Verlust an – Nährstoffen – Pflanzenschutzmitteln – organischer Substanz – Feinbodensubstanz – Bodenfruchtbarkeit – Ertragsminderung	Bewirtschaftungserschwernisse durch: – Verschlämmung – inhomogene Bodenstruktur	Belastung von Vorflutern und Gewässern (z. B. Trinkwassertalsperren) mit Nährstoffen, Pflanzenschutzmitteln und Feststoffen
Mechanische Schäden am Pflanzenbestand	Überdeckung des Pflanzenbestandes	
Beeinträchtigung der Bodenfunktionen (Speicherung, Filterung, Pufferung)	ungleiche Pflanzenbestände	Verschlämmung von Wegen, Straßen und Gräben
Bewirtschaftungserschwernisse durch: – Erosionsrillen und Furchen – ungleichmäßige Abreife der Bestände – kleinräumig differenzierte Bestelltechnik und Bestandsführung		

Tabelle 28: Krümelstabilität nach 7-jähriger Stroh-Gründüngung unter Sommergerste (nach DEBRUCK, verändert)		
Organische Düngung	% wasser-beständige Krümel > 5 mm	relativ
ohne organische Düngung	16,3	100
Gründüngung	19,0	117
50 dt/ha Stroh	21,9	134
50 dt/ha Stroh + Gründüngung	23,3	143
100 dt/ha Stroh	25,3	155

SEKERA eine „Futterbrücke der Kleinlebewesen im Boden zwischen den Hauptfrüchten" dar. Bodentiere müssen gefüttert werden, wenn sie ihre Funktionen erfüllen sollen. Gleiches gilt für Bakterien und Pilze. Nur bei kontinuierlicher Ernährung (= Zufuhr von organischer Substanz) können Bodenstruktur und das Porenvolumen für Bodenluft und Bodenwasser sowie die Nährstoffdynamik optimiert werden. Diese Prozesse

Verbesserung des Bodenlebens durch Zwischenfrüchte

äußern sich auch in einer hohen Krümelstabilität. Wenn Bodenpartikel von Pilzmyzel, Bakterienkolonien und Haarwurzeln durchwachsen und miteinander verbunden sind, liegen „lebendverbaute beständige Bodenkrümel" vor, die der Verschlämmung, Wind- und Wassererosion hohen Widerstand entgegensetzen. Stroh- und Gründüngung sowie verschiedene Pflanzenarten haben sehr günstige Wirkungen auf den Anteil wasserbeständiger, stabiler Krümel im Boden (Tabellen 28, 29).

sert. Dies geschieht teils durch Freisetzung der Nährstoffe aus organischen Bindungsformen und teils durch vermehrte Mobilisierung aus dem mineralischen Bodensubstrat. Derartig bewirtschaftete Böden lassen bei der Bodenbearbeitung, bei der Düngung und auch beim Pflanzenschutz durch günstige Wachstumsbedingungen Einsparungen erwarten. Die leistungsfähigsten Bodentiere sind zweifellos die Regenwürmer. In biotisch aktiven Böden steigt sowohl die Zahl als auch die Biomasse. Deutliche Hinweise liefert auch die Regenwurmlosung an der Bodenoberfläche und die zügige Verarbeitung von auflaufendem Mulchmaterial in Form von Stroh- und Zwischenfrucht-Biomasse. Zwischenfrüchte stellen nach

Regenwürmer sind die leistungsfähigsten Bodentiere

Tabelle 29: Krümelstabilität nach dem Anbau verschiedener Pflanzenarten (nach SEKERA)	
Kulturpflanzen	wasserbeständige Krümel
nach Hackfrüchten	10 – 15 %
nach Getreide	15 – 20 %
nach Weißklee	30 – 35 %
nach Raps	30 – 50 %
nach Gräsern	50 – 60 %
nach Kleegras	> 70 %

7.4.3 Gewässerschutz mit Zwischenfrüchten

Analysen und Berechnungen der Nährstoffströme in der Landwirtschaft der Bundesrepublik Deutschland von BACH et al. (1998) haben ergeben, dass Nährstoffüberhänge (1995) von 111 kg/ha N, 11 kg/ha P und 29 kg/ha K gemäß Sektoral- oder Hoftorbilanz bestehen. Unter dem Aspekt des Gewässerschutzes müssen diese Überhänge weiter abgebaut werden, wobei Toleranzbereiche je nach Bewirtschaftungssystem eingeräumt werden müssen, da z. B. viehhaltende Betriebe im Vergleich zu Ackerbaubetrieben zwangsläufig mit höheren Verlusten rechnen müssen. Grundsätzlich ist festzustellen, dass neben den punktuellen kommunalen und industriellen Nährstoffeinträgen in die Gewässer ein etwas größerer Anteil aus den diffusen – meist landwirtschaftsbedingten – Quellen stammt. Gewässerschutz setzt deshalb Kenntnisse der Eintragspfade für Nährstoffe in die Oberflächengewässer voraus. Der wichtigste Eintragspfad für Stickstoff läuft über die Bodenpassage durch Auswaschung in das Grundwasser, ergänzt durch Dränwasser und Oberflächenabfluss. Beim Phosphat ist der Bodenabtrag/Oberflächenabfluss der wichtigste Eintragspfad, ergänzt durch landwirtschaftliche Abflüsse und Abwässer sowie Dränwasser. Phosphatverluste lassen sich deshalb am ehesten über Maßnahmen des Erosionsschutzes (Zwischenfruchtbau, Mulchsaattechnik u. a.) vermeiden. Beim Stickstoff ist zur Vermeidung von Stickstoffverlusten während der winterlichen Auswaschungsperiode überschüssiger Stickstoff aus der Düngung oder

der Mineralisation der organischen Substanzen im Boden im Sommer und Herbst in Pflanzenmasse zu transferieren. In beiden Fällen kommt der Bodenbegrünung vor und nach dem Anbau von Hauptkulturpflanzen zur Vermeidung von Brachezeiten große Bedeutung zu. Durch die Integration von Zwischenfrüchten in Fruchtfolgen in Form von Stoppelsaaten und Untersaaten und den Aufbau von Trockenmasse werden Nährstoffe in Biomasse festgelegt und vor Verlagerung geschützt (Tabelle 30). Bei

Tabelle 30: Ertragsleistung von Zwischenfrüchten und Nitratgehalt des Bodens (0 – 90 cm Tiefe) bei Vegetationsruhe im Spätherbst (Mittel von 4 Jahren)

Zwischenfrucht	Lösslehmboden (Ackerbaubetrieb)		Sandboden (Viehbetrieb)	
	Ertrag dt/ha TM	NO_3-N kg/ha	Ertrag dt/ha TM	NO_3-N kg/ha
ohne (Brache)	-	128	-	163
Phacelia	41,3	39	33,0	30
Sommerrübsen	40,8	19	43,7	36
Welsches Weidelgras	22,5	32	16,9	52

Zwischenfruchtanbau fördert den Gewässer-schutz

konsequenter Einbindung von Zwischenfrüchten und angepasster Bodenbewirtschaftung vermindert sich die Nitratkonzentration im durchwurzelten Bodenraum, der fixierte Stickstoff wird nach Einarbeitung der Zwischenfruchtmasse freigesetzt und für die Ertragsbildung der Folgekulturen genutzt. Frühe Einarbeitungstermine im Herbst sollten insbesondere bei Leguminosen vermieden werden, weil dann noch eine verstärkte Nitratfreisetzung im Spätherbst erwartet werden kann. Am zweckmäßigsten ist ein Verzicht auf jede Einarbeitung vor Winter und das Belassen der Pflanzen-Biomasse auf der Bodenoberfläche bis nach der Winterperiode. Der tatsächliche Einarbeitungszeitpunkt sollte von der Umsetzbarkeit der organischen Masse (Gräser langsam, Klee schnell) und dem N-Bedarfsverlauf der Folgekultur bestimmt werden.

7.4.4 Biologische Bekämpfung von Schaderregern

7.4.4.1 Unkrautregulierung mit und in Zwischenfruchtbeständen

Termingerecht ausgesäte Zwischenfruchtbestände mit idealem Saatbett und exakter Saatgutablage sowie schnellem Feldaufgang und guter Jugendentwicklung (mit Stickstoff nach Bedarf und artspezifisch gefördert) benötigen in der Regel keine Herbizide. Eine Ausnahme macht die Stoppelrübe, die entweder mechanisch oder chemisch weitgehend unkrautfrei gehalten werden muss, um eine Verschmutzung des Erntegutes durch „mitgeerntete" Unkrautpflanzen (inkl. Wurzeln) zu vermeiden.

Die Pflanzenbestände selbst üben eine unkrautregulierende Funktion durch eine hohe Konkurrenzkraft gegen Unkräuter, Ungräser und Ausfallgetreide aus. Gut entwickelte Ölrettich- und Senfbestände reduzieren sehr stark den Anteil von Quecken und Ausfallgetreide oder lassen nur eine geschwächte Entwicklung überlebender unerwünschter Pflanzen zu, die im Frühjahr als Altverunkrautung relativ einfach chemisch oder – wenn mehr Zeit verfügbar ist – mechanisch beseitigt werden kann, um z. B. eine Mulchsaat durchzuführen. Für Sommer- und Winterraps gelten ähnliche Zusammenhänge.

Phacelia deckt den Boden ebenfalls sehr gut ab und unterdrückt Unkräuter. Wenn Phacelia-Bestände allerdings durch Wind- und Regeneinwirkung stärker aufscheiteln, kann sich eine etwas kräftigere Altverunkrautung einstellen. Perser- und Alexandrinerklee ermöglichen zur Unkrautunterdrückung einen Schröpfschnitt, Gräser in Untersaat und Stoppelsaat müssen durch Stickstoff gefördert werden, um schnell dichte Bestände zu bilden. Der Einsatz preiswerter Wuchsstoffe ist bei Bedarf einem Schröpfschnitt vorzuziehen. Treten Gräser-Einzelpflanzen in der Nachfrucht auf, ist dies in der Regel auf eine wenig sachgerechte Zerkleinerung der Grasnarbe und unvollständiges Einpflügen der Narbenreste zurückzuführen.

7.4.4.2 Biologische Bekämpfung von Pflanzenkrankheiten mit Zwischenfrüchten

Die Schwarzbeinigkeit des Getreides *(Ophiobolus/Gaeumanomyces graminis)* ist in den letzten Jahren von größerer Bedeutung geworden und wird bei noch enger werdenden Fruchtfolgen (Agenda 2000!) weiterhin an Bedeutung gewinnen. Halmgrund und Wurzeln an Weizen, Gerste, Roggen und Gräsern vermorschen mit der Folge der Weiß- oder Taubährigkeit. Wurzel- und Stoppelreste befallener Pflanzen dienen als Überträger für das Mycel, insbesondere in engen Anbaufolgen. Schwarzbeinigkeit ist auf leichten und inaktiven Böden eine wichtige Fruchtfolgekrankheit, die Anbaupausen von mindestens einem Jahr und eine Förderung der Verrottung befallener Pflanzenreste erfordert. Durch Zwischenfruchtbau wird die biologische Aktivität der Böden sehr stark angeregt, die Umsetzungsraten steigen und gleichzeitig wird die antagonistische Bodenmikroflora zur biologischen Bekämpfung der Schwarzbeinigkeit begünstigt.

Die virusbedingte Eisenfleckigkeit ist im Kartoffelanbau häufig zu finden. Die Krankheit wird

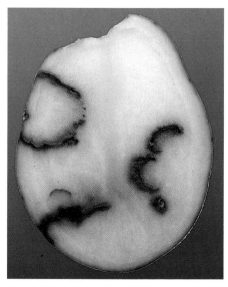

Durch Tabak-Rattle-Virus (TRV) verursachte Eisenfleckigkeit der Kartoffel

ausgelöst durch das Tabak-Rattle-Virus (TRV), das durch Nematoden der Gattungen Trichodorus und Paratrichodorus übertragen wird und an Kartoffelknollen „eisenfleckige" Nekrosen verursacht. Auf ty-

Durch Schwarzbeinigkeit zerstörter Halmgrund einer Weizenpflanze; rechts gesundes Wurzelwerk

Mit Ölrettich als Zwischenfrucht kann die Eisenfleckigkeit der Kartoffel bekämpft werden

pischen Kartoffelböden mit hohem Porenvolumen und in nassen Jahren bzw. auch bei Beregnung, tritt die Eisenfleckigkeit verstärkt auf und beeinträchtigt die Marktfähigkeit der Kartoffelware. Unkräuter wie Hirtentäschel, Franzosenkraut, Gänsedistel, Vogelmiere und Ackerstiefmütterchen sind ebenfalls bedeutende Virusträger, die beiden Letzteren übertragen und verbreiten das Virus auch über den Samen. Es ist wichtig, diese Unkräuter in der Fruchtfolge biologisch und chemisch zu bekämpfen. Der Zwischenfruchtbau ermöglicht ein biologisches Bekämpfungsverfahren (Abbildung 2). TRV-Befallsunterschiede in Gründüngungspflanzen können genutzt werden, um eine möglichst geringe Virusübertragung zu gewährleisten. Lupinen, Ölrettich und Weidelgräser sollten in Kartoffelfruchtfolgen bevorzugt verwendet werden, Gelbsenf zeigt in der Regel einen sehr starken Tabak-Rattle-Virusbefall. Aus diesen Zusammenhängen heraus hat sich der Ölrettich zur wichtigsten Begrünungspflanze in Betrieben mit Kartoffelanbau entwickelt.

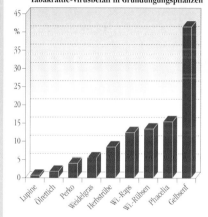

Tabakrattle-Virusbefall in Gründüngungspflanzen

Abb. 2: Mit der richtigen Wahl der Zwischenfrüchte lässt sich damit ebenfalls der Besatz mit Eisenfleckigkeit reduzieren (nach HEINICKE)

Die Kohlhernie *(Plasmodiophora brassicae)* wird von einem bodenbürtigen Schleimpilz ausgelöst und beeinträchtigt Wurzelwachstum und Wurzelfunktionen. Geschädigt werden Körnerraps sowie Stoppelrüben, Futterraps und alle Kohlgewächse im Feldgemüsebau. Die Krankheit ist nur biologisch bekämpfbar und über eine deutliche pH-Wert-Erhöhung; befallsmindernd wirkt Kalkstickstoff. Von Bedeutung ist ein Artenwechsel (Gräser, Kleearten u. a.) sowie die Einhaltung von Zwischenfrucht-Fruchtfolgen.

7.4.4.3 Biologische Bekämpfung der Rübenzystennematoden mit Zwischenfrüchten

Der Rübenzystennematode *(Heterodera schachtii)* ist einer der wichtigsten pflanzenparasitären Nematodenarten im Zucker- und Futterrübenbau, hat einen großen Wirtspflanzenkreis und

Nematodenresistenter Senf in der Jugendentwicklung

verursacht die seit Beginn des Zuckerrübenanbaues bekannte „Rübenmüdigkeit" der Böden. Der Befall tritt nesterweise auf, die Pflanzen welken, Blätter vergilben und sterben später ab. Am Rübenkörper ent-

wickeln sich verstärkt Seitenwurzeln (Wurzelbärte) mit anfangs weißen, später bräunlichen zitronenförmigen Zysten. In den Zysten befinden sich bis zu 250 Eier und Larven. Bei Anbau von Wirtspflanzen schlüpfen die Larven verstärkt, dringen in die Wurzeln ein und werden von der Wirtspflanze ernährt bei gleichzeitig verstärkter Seitenwurzelbildung. Die wichtigste Bekämpfungsmethode ist heute das biologische Verfahren durch den Anbau nematodenresistenter Ölrettich- und Senfsorten. In diesen Sorten können sich die in die Wurzeln eingewanderten Larven (nur die Weibchen) nicht bis zur Zystenbildung entwickeln, da sie dafür etwa die 40fache Nahrung eines Männchens benötigen. Dieses Nahrungsangebot wird ihnen von den resistenten Sorten nicht zur Verfügung gestellt, die Weibchen können sich nicht entwickeln. Auf diese Weise wird die Besatzdichte der Rübenzystennematoden erheblich reduziert. Eine 100%ige Wirkung ist jedoch nicht zu erreichen, da nicht alle Bodenbereiche gleichmäßig durchwurzelt werden. Wichtig ist, dass durch frühen Saattermin der Zwischenfrucht die Temperaturansprüche (400 – 440 °C, Summe über + 8° C Tagesmitteltemperatur) für die Entwicklung und Einwanderung der Nematodenlarven erfüllt werden und die biologische Bekämpfung regelmäßig in der Fruchtfolge erfolgt. Der Erfolg dieser Maßnahme lässt sich nachweisen durch Rückgänge der Nematodenpopulation (Tabelle 31) und steigende Zuckererträge.

Tabelle 31: Anbau resistenter Ölrettich- und Senfsorten zur Bekämpfung des Rübennematoden im Zwischenfruchtanbau nach Wintergerste, Standort Swisttal/Rheinland. Pflugfurche, Saatbettkombination, Aussaat 29.06.96.

Zwischenfruchtsorte Ölrettich/Senf	Larven je 100 ml Boden		Reduktion
	Vorbefall	Endbefall	
Brache	1 772	1 419	20 %
Rimbo	1 699	584	66 %
Regresso	1 571	677	47 %
Dacapo	1 934	577	70 %
Rodical	1 522	411	73 %
Sirola	2 301	597	74 %

Quelle: Heinrich, Ch., LZ 20/98, S. 12 (verändert)

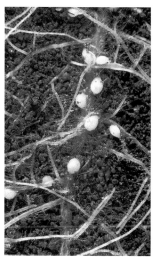

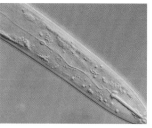

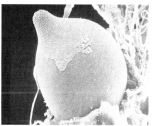

Auch an Rapswurzeln vermehrt sich das Rübenszystenälchen

Durch Druck geöffnete Zyste: Die Älchen liegen zusammengefaltet in den Eiern

Kopfpartie des Älchens mit Mundstachel (oben); Zitronenform Kennzeichen der Zyste des Rübennematoden

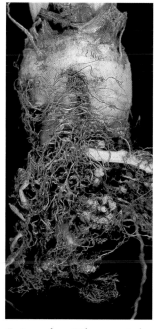

Rübe aus einem Befallsherd (links) im Vergleich zu einer normal entwickelten Pflanze

Zysten des Rübennematoden und „Wurzelbart"

7.5 Konservierende Boden-
bearbeitung und
Zwischenfruchtbau

Das Bundesbodenschutzgesetz vom 17. März 1998 legt in § 17 die gute landwirtschaftliche Praxis in der Bodennutzung fest, womit die Vorsorgepflicht zur Schonung der Ressource Boden erfüllt wird. Inhaltlich wird damit die nachhaltige Sicherung der Bodenfruchtbarkeit und die Erhaltung und Verbesserung der Leistungsfähigkeit der Böden umschrieben. Grundsätze und Handlungsempfehlungen zur guten fachlichen Praxis der landwirtschaftlichen Bodennutzung umfassen die

- ◯ standortangepasste Bodenbearbeitung,
- ◯ Erhaltung und Verbesserung der Bodenstruktur,
- ◯ möglichst weitgehende Vermeidung verfahrensbedingter Bodenverdichtungen,
- ◯ weitgehende Vermeidung von erosiven Bodenabträgen,
- ◯ Erhaltung naturbetonter Strukturelemente in der Feldflur,

- ◯ Erhaltung und Förderung der biologischen Aktivität des Bodens,
- ◯ Erhaltung des standorttypischen Humusgehaltes des Bodens.

Weißer Senf 14 Tage nach der ersten Frosteinwirkung – angesät zum Zwecke der Ackerbegrünung

Unter dem Aspekt des Bodenschutzes sind tradierte Formen der Bodenbearbeitung zu überdenken. Die in der Praxis weit verbreitete hohe Eingriffsintensität in den Boden durch den Einsatz des Pfluges und häufig rotierende Arbeitswerkzeuge steht nicht zwangsläufig im Zusammenhang mit der Höhe des Pflanzenertrages. Wichtiger sind der Luft-, Wasser- und Wärmehaushalt des Bodens sowie der Bodenwiderstand. Zielsetzung der Bodenbearbeitung sind letztlich die Gewährleistung der Produktionsfunktion (Ertrag, Kosten), der Regelungsfunktion (Filterung, Wasser-, Luft-, Nährstoffhaushalt, Stoffumwandlung) und der Lebensraumfunktion (Bodenleben). Die Erfüllung einer Funktion (z. B. Ertrag) kann nicht zu Lasten der übrigen gestaltet werden. Bodenbelastungen und -schädigungen (Schadverdichtungen, Erosion u. a.) sind deshalb möglichst zu vermeiden.

Bei der konservierenden Bodenbearbeitung (Tabelle 32) wird auf den Einsatz des Pfluges grundsätzlich verzichtet. Der Boden wird ganzflächig bearbeitet, aber nicht unbedingt auf Krumentiefe.

Konservierende Bodenbearbeitung und Zwischenfruchtanbau ergänzen sich ideal

Pflanzenreste wie Stroh und Zwischenfrüchte sind an der Bodenoberfläche dringend erforderlich und bewirken den Schutz des Bodens vor Erosion und Verschlämmung; ein funktionierendes und stabiles Grobporensystem führt zur schnellen Infiltration von Wasser. Je mehr Pflanzenreste auf der Bodenoberfläche verbleiben sollen, umso geringer muss die Eingriffsintensität in das Bodengefüge sein. Im Extremfall – der Direktsaat – werden mit Spezialgeräten nur die Saatreihen „bearbeitet", in die das Saatgut abgelegt wird. Je weniger Boden bei der Bodenbearbeitung

bewegt wird, umso geringer sind in der Regel die Kosten, der Kraftstoffverbrauch sinkt, Flächenleistungen steigen.

Zwischenfrüchte haben im System der konservierenden Bodenbearbeitung bis hin zur Direktsaat wichtige Funktionen zu erfüllen. Ohne ständige Bodenbedeckung und dadurch erreichte Förderung des Bodenlebens und der Garebildung kann pfluglose Bodenbewirtschaftung langfristig nicht erfolgreich sein. Brachezeiten zwischen den Hauptkulturen sind deshalb möglichst zu vermeiden. Bewährt haben sich

Mulchsaat bei Zuckerrüben

vor allem über Winter sicher abfrierende Zwischenfrüchte wie Phacelia, Senf und Ölrettich, die bei trockenem Restpflanzenmaterial hinsichtlich der flachen Bearbeitung und Saat der Folgekultur keine Probleme verursachen.

Winterharte Zwischenfrüchte (z. B. Winterrübsen) müssen im Frühjahr chemisch abgetötet werden, um unerwünschte Konkurrenzsituationen zu vermei-

Tabelle 32: Definition und Einordnung von Verfahren der Bodenbearbeitung

Arbeitsabschnitte	Konventionelle Bodenbearbeitung/ Bestellung	Konservierende Bodenbearbeitung/ Bestellung	Direktsaat
Grundbodenbearbeitung	+	ggf. lockern	–
Saatbettbearbeitung	+	+ –	–
Saat	+	Mulchsaat	+
Stoppelbearbeitung	+	+ –	–

(Quelle: nach Sommer 1988)

den. Die Aussaat von z. B. Zuckerrüben oder Mais in den Zwischenfruchtmulch kann in Form der Mulchsaat mit oder ohne Saatbettbereitung erfolgen. Das erstere Verfahren bietet sich an auf schlecht erwärmbaren, dicht lagernden (schluffigen) Böden, die hinsichtlich der Temperaturführung und Durchlüftung Probleme bereiten, sowie auf Standorten, die eine mechanische Unkrautregulierung erfordern oder solche, die nicht besonders stark erosionsgefährdet sind. Die Mulchsaat ohne Saatbettbereitung (mit spezieller Saattechnik) ist besonders für erosionsgefährdete Standorte geeignet, bei brüchigem, gut abgetrocknetem Pflanzenmulch, bei günstigem Garezustand im Saathorizont und bei Bodenflächen ohne Verdichtungen und Verschlämmungen.

Ackerschnecke mit Eigelege

Mäuse und Ackerschnecken fühlen sich auf Mulchsaatflächen häufig besonders wohl. Ständige Kontrollen und entsprechende Gegenmaßnahmen sind vor allem in der Jugendentwicklung der Pflanzenbestände wichtig. Dieses gilt für alle so bestellten Kulturen.

Konservierende Bodenbearbeitung, Zwischenfruchtanbau und Mulchsaattechnik sind als ein System zu betrachten und nicht nur auf Erosionsstandorten angebracht, sondern als eine grundsätzliche Maßnahme des Boden- und Umweltschutzes anzusehen. Vielfältige Fruchtfolgen mit dem Wechsel von Winterung und Sommerung, Blattfrüchten und Halmfrüchten sowie die sinnvolle Integration von Zwischenfrüchten sind Voraussetzung für die modernen Verfahren der konservierenden Bodenbearbeitung. Die z. T. sehr hohen Flächenleistungen der Geräte für Mulch- und Direktsaat erfordern eine entsprechende Flächenausstattung zur Auslastung der Technik. Nur so wird es möglich sein, Fixkosten zu senken und die Stückkosten je erzeugter Einheit (dt Getreide oder dt Rübe) zu reduzieren.

7.6 Vorfruchtwert und Bewertung von Zwischenfrüchten

Die acker- und pflanzenbaulichen sowie umweltrelevanten Funktionen des Zwischenfruchtbaues sind durch Erosionsschutz, Nährstoffbindung, Verbesserung der Kulturpflanzenvielfalt und der Bodenstruktur, biologische Schaderregerbekämpfung u. a. eindeutig belegt. Zwischenfrüchte wirtschaftlich zu beurteilen, erfordert eine Gegenüberstellung der Leistungen und Kosten. Eine verstärkte Berücksichtigung von Begrünungspflanzen in Marktfrucht- und Veredelungsbetrieben unter Aspekten des Boden- und Umweltschutzes ist besonders dann zu erwarten, wenn die Kosten des Zwischenfruchtbaues durch Mehrleistungen bei den Folgekulturen oder der gesamten Fruchtfolge oder durch Einsparungen an produktionstechnischen Aufwendungen kompensiert werden. Spezifische Versuchsanstellungen zu diesem Fragenkomplex sind äußerst aufwendig und deshalb sehr selten. Die Bewertung von Zwischenfrüchten kann zukünftig allerdings nicht nur pflanzenbaulich erfolgen, sondern muss auch die Ressourcenschonung umfassen. Das Bundesbodenschutzgesetz verlangt die gute fachliche Praxis bei der Bodenbewirtschaftung. Dazu zählt z. B. auch die Vermeidung von Bodenerosion, um z. B. den Einsatz von Steuergeldern zur Beseitigung von Bodenein- und -austrag in Gräben und auf Straßen zu beseitigen.

Der Vorfruchtwert von Zwischenfrüchten ist begründet in
- ❍ der Verbesserung der Bodenstruktur
- ❍ der Garebildung
- ❍ der organischen Substanzversorgung
- ❍ der Nährstofffixierung und -anlieferung
- ❍ der Förderung des Bodenlebens
- ❍ der Bodenbedeckung (Schutz vor Witterungseinflüssen)

Tabelle 33: Nachfruchtwirkung des Zwischenfruchtbaues auf den Kornertrag von Sommergerste bei differenzierter N-Düngung (Mittel von 5 Versuchsjahren und 7 Zwischenfrüchten)				
Zwischenfrucht	N-Düngung Sommergerste			
	40 kg/ha		80 kg/ha	
	Ertrag dt/ha	relativ	Ertrag dt/ha	relativ
Brache (ohne Zwischenfrucht)	41,2	100	52,0	100
Aufwuchs abgeerntet (= Futternutzung)	45,8	112	54,2	104
Aufwuchs eingearbeitet (= Gründüngung)	49,5	120	56,2	108

(Quelle: nach Berendonk)

Da die aufgezählten Merkmale bei den einzelnen Zwischenfruchtarten unterschiedlich ausgeprägt sind, ist auch ein differenzierter Vorfruchtwert zu erwarten, d. h. die Ertragsleistung der Folgekulturen wird in unterschiedlichem Maße beeinflusst. Zunächst ist die Verwertung (Futternutzung oder Gründüngung) zu berücksichtigen. Aus Versuchen mit Sommergerste in Monokultur geht hervor, dass Zwischenfrüchte (Tabelle 33) die Ertragsleistung der Nachfrucht am stärksten bei Gründüngung und weniger bei Futternutzung verbessern. Zusätzlich ist eine Beeinflussung des Vorfruchtwertes von der Höhe der N-Düngung zur Hauptkultur zu erkennen.

Der Einfluss von Wurzel- und Stoppelrückständen bzw. des oberirdischen Aufwuchses auf den Vorfruchtwert ist bei den verschiedenen Zwischenfrüchten differenziert zu betrachten (Tabelle 34). Bei Gräsern und Winterrübsen ergibt sich z. B. eine ideale Kombination von Futternutzung und dennoch hohem Vorfruchtwert durch Stoppeln und Wurzeln; bei Raps und Phacelia ist der Vorfruchtwert stärker von der oberirdischen Pflanzenmasse abhängig, bei Grobleguminosen ist beides in etwa gleichwertig. Die Ergebnisse verdeutlichen, dass über die Zwischenfruchtwahl Anbausysteme beeinflusst werden. Die Veränderungen von Ertrag und Deckungsbei-

Tabelle 34: Vorfruchtwert verschiedener Zwischenfrüchte geprüft in 5-jähriger Monokultur von Sommergerste bei Futternutzung und Gründüngung im Vergleich zur Brache			
Zwischenfrucht	Mehrertrag von Sommergerste bei Gründüngung dt/ha	Relativer Mehrertrag (%)	
		durch Wurzeln und Stoppeln (= Futternutzung)	zusätzlich durch den Aufwuchs
Winterrübsen	8,7	74	26
Welsches Weidelgras	6,2	81	19
Erbsen/Lupinen	7,4	49	51
Senf	5,5	62	38
Ölrettich	5,9	44	56
Raps	5,3	40	60
Phacelia	5,0	40	60

(Quelle: nach Berendonk)

Tabelle 35: Veränderung von Ertrag und Deckungsbeitrag durch zweimalige Gründüngung in der fünffeldrigen Fruchtfolge Hafer – Winterweizen – Kartoffeln – Sommergerste – Wintergerste auf Sandboden

Summe der Ertragssteigerung durch Gründüngung	Mehrerträge dt/ha	DM/ha	Änderung Deckungsbeitrag DM/ha
a) nur der Früchte, zu denen die Gründüngung unmittelbar erfolgte (Hafer und Winterweizen)	+ 13,0	+ 538,–	+ 53,– (in 2 Jahren)
b) der Früchte unter a) und der Folgefrucht Kartoffeln	+ 15,4	+ 760,–	+ 275,– (in 3 Jahren)
c) der Früchte unter b) und der Folgefrucht Sommergerste	+ 19,4	+ 936,–	+ 451,– (in 4 Jahren)
d) der gesamten fünffeldrigen Fruchtfolge	+ 20,6	+989,–	+ 504,– (in 5 Jahren)
Kosten der Gründüngung:	Ölrettich zu Hafer Sommerraps zu Winterweizen		238,– DM/ha 247,– DM/ha 485,– DM/ha

(nach Becker, F. A. und V. Buhlmann, 1982)

trag durch zweimalige Gründüngung in einer fünffeldrigen Fruchtfolge zeigt Tabelle 35. Der Deckungsbeitrag der Fruchtfolge wurde auf dem ertragsschwachen Sandboden um 504,– DM/ha verbessert, also pro Jahr um etwa 100,– DM/ha. Damit kann die Wirtschaftlichkeit des Anbaues von Gründüngungspflanzen auf Sandboden belegt werden.

Untersuchungen zum Zwischenfruchtanbau in der Soester Börde auf Lösslehm belegen ebenfalls, dass bei nachfolgenden Zuckerrüben und danach Winterweizen Ertragszunahmen und Düngereinsparungen zu verzeichnen sind (Tabelle 36). Auch der auf die Zuckerrüben folgende Winterweizen profitiert noch von den „Wohlfahrtswirkungen" des Zwischenfruchtbaues. Im Mittel von drei Jahren wurden 2 bis 3 dt/ha oder ca. 50,– DM/ha mehr erzielt. Insgesamt konnte die Leistung des Zwischenfruchtbaues auf dem sehr ertragsbegünstigten Standort mit im Mittel 162,– DM/ha (66 – 270,– DM/ha Schwankungsbreite) beziffert werden, womit die Kosten sicher aufzufangen sind.

Zwischenfrüchte zum Erosionsschutz sind in ähnlicher Weise zu bewerten. Neben Ertragsvorteilen und N-Einsparungen sind durch geringer kalkulierte Umbrüche und Neueinsaaten bei Zuckerrüben Ein-

Tabelle 36: Bereinigte Zuckererträge (dt/ha) nach Zwischenfrüchten im Vergleich zur Brache (Standort: Erwitte-Stirpe) – Versuche 1987 – 1990, Mittel der 4 Jahre

	Brache	Senf	Phacelia
Bereinigter Zuckerertrag im Mittel der N-Stufen 0, 40, 80, 120 kg/ha N	110	114	113
Maximaler Zuckerertrag in dt/ha bei ...	115	120	118
... dafür erforderliche Stickstoffdüngung	70 kg/ha	30 kg/ha	30 kg/ha

sparungen beim Saatgut und Pflanzenschutz sowie geldliche Ansätze der Bodenwerterhaltung zu berücksichtigen. Nach Angaben von BRUNOTTE et al. (1995) ergeben sich bei Mulchsaaten auf Zwischenfruchtbasis Nutzenvorteile von 40,– bis ca. 300,– DM/ha x Jahr (Tabelle 37).

Die Stickstofffixierung durch Zwischenfrüchte ist vielfach nachgewiesen, die Berücksichtigung der Stickstofffreisetzung bei der Bemessung von Düngergaben bei Folgekulturen erfolgt dagegen bisher nur unzureichend. So können im Frühjahr nach Zwischenfrüchten bereits hohe Nitratwerte im Boden vorliegen. Sommerungen wie Mais, Zuckerrüben und Kartoffeln sind besonders dafür geeignet, den mineralisierten Stickstoff aufzunehmen und in Ertrag umzusetzen. Dies gelingt aber nur, wenn diese Zusammenhänge bei der Düngung berücksichtigt werden. Im Maisanbau erfassen spate N_{min}-Analysen des Bodens Mitte bis Ende Mai den bis dahin mineralisierten Stickstoff, so dass nur noch die Differenzmenge zu einem bestimmten Sollwert zugedüngt werden muss. Diese Vorgehensweise gewährleistet eine ordnungsgemäße Düngung von Maisbeständen und eine

Optimaler Feldaufgang nach Mulchsaat

zweckmäßige Integration des Zwischenfruchtbaues in Anbausysteme. Grundsätzlich ist festzustellen, dass Zwischenfrüchte wichtige ökologische Funktionen in umweltgerechten Pflanzenbausystemen zu erfüllen haben und diese relativ leicht nachzuweisen sind. Ökonomische Erfolge werden entscheidend von der Produktionstechnik der Folgekulturen bestimmt. Nur durch langjährige Erfahrungen und Beobachtungen und durch Anwendung wissenschaftlicher Forschungsergebnisse ist in der Praxis der Wert des Zwischenfruchtbaues richtig einzuschätzen.

Tabelle 37: Einzelbetrieblicher Nutzen-Kosten-Vergleich zum Erosionsschutz für einen Modellbetrieb

Bodenbearbeitungsverfahren	Nutzen					Kosten	Vergleich
	Zw.-Frucht Gründüngung	Zw.-Frucht N-Einsparung	Einsparung, Masch. Saatgut	Umbruch/ NE Dünge-, PS-Mittel	Bodenwert Erhaltung	(+Erhöhung) (-Minderung)	(+Nutzen) (-Kosten)
konventionelle Saat mit SB	0	0	0	0	0	0	0
Mulchsaat mit SB (Stroh)	0	0	37	7	15	- 50	+ 109
Mulchsaat mit SB (Zw.-Frucht)	162 (66 bis 269)	17	37	7	15	+ 93	+ 145 (+ 49 bis + 252)
Mulchsaat ohne SB (Zw.-Frucht)	162 (66 bis 269)	17	37	7	25	+ 55	+ 193 (+ 97 bis + 300)

Angaben in DM/ha und Jahr gegenüber konventionell für die Fruchtfolge
ZR – WW – WG; SB = Saatbettbereitung; Zw.-Frucht = Zwischenfrucht; PS = Pflanzenschutz

(Quelle: Brunotte et al. 1995, DLG, 8, 24)

8 Grünbrache (Stilllegung von Ackerflächen)

8.1 Zielsetzungen und allgemeine Regelungen

Seit der Reform der „Gemeinsamen Agrarpolitik (GAP)" der Europäischen Gemeinschaft im Jahre 1992 wird die jährliche Planung des Anbaues landwirtschaftlicher Kulturpflanzen vom politisch festgelegten Umfang der Flächenstilllegung beeinflusst. Marktentlastung und Abbau von Überschussprodukten sind primäre Zielsetzungen. Diese Verfahrensweise ist auch Bestandteil der Beschlüsse der Europäischen Union (EU) im Rahmen der Agenda 2000 im März 1999 in Berlin. Durch die schrittweise Senkung der Interventionspreise ausgelöste Einkommensminderungen der Landwirte sollen durch Ausgleichszahlungen (neue Terminologie in der Agenda 2000: Flächenzahlungen) bei den prämienberechtigten Kulturen Getreide, Eiweißpflanzen und Ölsaaten sowie den stillgelegten Ackerflächen (obligatorische oder freiwillige Stilllegung) ausgeglichen werden. Voraussetzung für die Gewährung von Flächenzahlungen ist die Flächenstilllegung, deren Umfang auch zukünftig variabel ist und von der EU jährlich neu festgelegt werden kann. Für die Ernte 2000 beträgt der Stilllegungssatz bei der obligatorischen Stilllegung mindestens 10 % und maximal 33 % des Anbauumfanges der prämienberechtigten Kulturen. Erzeuger ohne Stilllegungsverpflichtung (< 92 t Getreide) können den Stilllegungssatz von 10 % unterschreiten, die Obergrenze beträgt ebenfalls 33 %. Die Stilllegungsgrenzen bzw. -angaben im Flächenverzeichnis müssen exakt eingehalten werden. Die bis 1997 differenzierten Formen der Stilllegung Rotati-

ons- und Dauerbrache sind abgeschafft worden. Die heute gültige „konjunkturelle Stilllegung" beinhaltet die Möglichkeit der Veränderung des Stilllegungssatzes und stellt frei, ob Ackerflächen der ein-, zwei- oder mehrjährigen Stilllegung zugeführt werden. Ein Sonderprogramm zur langfristigen Stilllegung von Acker- und Grünlandflächen bietet die „20-jährige Flächenstilllegung", die einem besonderen länderspezifischen Regelwerk unterzogen ist, aber auf die konjunkturelle Stilllegung angerechnet wird. Alle besonderen vertraglichen Regelwerke der Flächenstilllegung erfordern vor Vertragsunterzeichnung intensive Informationsgespräche, die von den zuständigen Landwirtschaftsbehörden angeboten werden.

Der vorgeschriebene Verpflichtungszeitraum der Flächenstilllegung beginnt nach derzeitiger Regelung am 15. Januar und endet am 31. August. Ist zur Ernte im nachfolgenden Wirtschaftsjahr der Anbau von früh zu säenden Winterungen, z. B. Winterraps, Wintergerste u. a. vorgesehen, kann der Umbruch der Stilllegungsflächen ab dem 15. Juli erfolgen mit der Möglichkeit der Durchführung von Düngungs- und Pflanzenschutzmaßnahmen. Die Terminierung des Verpflichtungszeitraumes ist für pflan-

zenbauliche Entscheidungen besonders wichtig, da die Flächen bis zu und nach dieser Zeitspanne für Nutzungszwecke (Anbau von Futterpflanzen im Herbst vor und Futternutzung von Pflanzenaufwüchsen im Herbst nach Beendigung der Flächenstilllegung) zur Verfügung stehen. Aufwüchse, die im Verpflichtungszeitraum sich entwickeln, dürfen wirtschaftlich nicht genutzt werden. Düngungs- und chemische Pflanzenschutzmaßnahmen sind grundsätzlich untersagt. Pflegemaßnahmen durch Schröpfschnitte oder das Mulchen der Bestände unterliegen keiner Regelung. Der Anbau von nachwachsenden Rohstoffen (Raps, Hanf, Öllein u. a.) ist möglich, bedarf aber der speziellen vertraglichen Regelung aufgrund spezifischer Verordnungen und Durchführungsbestimmungen.

Die Begrünung der stillgelegten Flächen ist verpflichtender Bestandteil der Prämienzahlung, allerdings nicht die Verfahrensweise. Es besteht also kein Zwang zur Ansaat von Begrünungspflanzen, die Selbstüberlassung der Ackerfläche mit auftretender

Klee-Gras-Mischungen eignen sich hervorragend zur Begrünung von Rotationsflächen

Spontanvegetation aus Unkräutern, Ungräsern und Durchwuchs der Vorkultur ist zulässig.

Grundsätzlich lassen sich deshalb durch Ansaat gezielt begrünte (= Grünbrache) und aus dem Samenvorrat des Bodens sich mehr oder weniger selbst begrünende Stilllegungsflächen (= Ackerbrache) unterscheiden. Für die Auswahl der Begrünungspflanzen und Saatgutmischungen ist weiterhin die Zeitdauer der Stilllegung (einjährige Rotationsbrache, zweijährige Stilllegung, Dauerbrache) von Bedeutung. Die Ansaat der Begrünungspflanzen muss zeitgerecht im Vorjahr der Stilllegung oder im Verpflichtungszeitraum bis spätestens 15. Mai erfolgen. Eine Schwarzbrache mit z. B. mehrmaliger Bodenbearbeitung ist aus ökologischen Gründen unzulässig. Untersagt ist auch eine gezielte Begrünung mit prämienberechtigten Kulturen in Reinsaat.

Stilllegungs- oder Bracheflächen lassen sich in Fruchtfolgen integrieren und führen zur Erweiterung enger Anbausysteme. Gezielt begrünt und gepflegt bieten sie alle Vorteile, die Ackerflächen mit langer Bodenruhe hinsichtlich Bodenfruchtbarkeit, Bodenleben, Bodenstruktur u. a. aufweisen. Allgemein lassen sich folgende Anforderungen an Stilllegungsflächen formulieren:

○ Wind- und Wassererosion dürfen nicht gefördert werden
○ Nährstoffverluste (Auswaschung, Abtrag) sind zu vermeiden
○ Verunkrautung mit Samenvermehrung (Disteln), Verungrasung und die Beeinträchtigung von Nachbarflächen ist zu verhindern
○ das Bodenleben ist zu fördern
○ die Folgekulturen dürfen nicht unter erhöhtem Unkraut-, Krankheits- und Schädlingsdruck leiden
○ die Bodenbearbeitung zur Folgekultur und der Bearbeitungserfolg dürfen nicht unnötig erschwert werden
○ erwünscht ist eine größere Vielfalt von Fauna und Flora
○ über den Vorfruchtwert ist die Leistung der Rotation zu steigern
○ die Umwelt muss insgesamt entlastet werden.

8.2 Selbstüberlassung von Stilllegungsflächen (Ackerbrache)

Sich selbst überlassene Ackerflächen (meist ohne weitere Bearbeitung nach Aberntung der Vorkultur) entwickeln je nach Effizienz der Unkrautregulierung im Anbausystem eine mehr oder weniger artenreiche, meist lockere, durch offene Bodenstellen gekennzeichnete Spontanvegetation aus Unkräutern, Ungräsern, Durchwuchs der Vorkultur und weiterer Pflanzen der umgebenden Grünland- und Ruderalpflanzengesellschaften. Häufig gewährleisten vorhergehende Mähdruschfrüchte, danach Quecken und andere Ungräser sowie hoch- und niedrigwüchsige Pflanzen wie Distelarten, Brennnesseln, Ampfer, Rainfarn u.a. die primäre bzw. sekundäre Vegetationsentwicklung. Die meist kräftig entwickelten Einzelpflanzen leisten Überhälterfunktionen für Krankheitserreger (Pilze, Viruserkrankungen u. a.) und Schädlinge, wodurch Effekte der Fruchtfolgeauflockerung verhindert werden. Diese Gefahren sind bei Rotationsbrache größer als bei Dauerbrache einzuschätzen, da sich bei letzterer Stilllegungsform durch regelmäßiges Mulchen grasartige Vegetationsdecken entwickeln. Bei unzureichenden Pflegemaßnahmen werden auf umliegende Flächen durch Windverbreitung unerwünschte Pflanzen und Schaderreger eingetragen. Konsequenzen und Gefahren der Selbstüberlassung von Stilllegungsflächen (= Selbstbegrünung) bestehen in folgenden Aspekten:

○ ungleichmäßiger Bewuchs, Unkräuter und Ungräser analog der vorhergehenden Bewirtschaftung
○ Zunahme schlecht bekämpfbarer Wurzelunkräuter wie Disteln und Quecken
○ Ausfallgetreide erhöht das Infektionspotenzial für pilzliche Schaderreger (Nachbarflächen, windbürtige Erreger wie Mehltau, Gelbrost, Braunrost)
○ Übertragung von Virosen (durch Insekten) auf Nachfolge- und Nachbarkulturen (z. B. Gelbverzwergungsvirus, Übergang von Bracheflächen auf Neuansaaten)

Die Selbstüberlassung von Stilllegungsflächen ist mit der „guten fachlichen Praxis" nicht vereinbar

○ Förderung von Schaderregern mit breitem Wirtspflanzenspektrum (z. B. Sclerotinia, Nematoden u. a.)
○ unregelmäßiges Abreifen der Spontanvegetation, Samenausfall vor dem Schröpftermin
○ größeres Reservoir für Sattelmücken und Drahtwürmer nach Getreide als Vorfrucht
○ geringere Förderung des Bodenlebens während der Brachezeit, weniger organische Substanz, weniger Bodenbedeckung
○ nur geringer Gesundungs- und Auflockerungseffekt in engen und instabilen Fruchtfolgen und Anbausystemen, zum Teil Verstärkung der Belastungssituation
○ erhöhte Gefahr der Nitratverlagerung aus dem Wurzelraum in das Grundwasser.

Das für eine Selbstüberlassung von Stilllegungsflächen häufig geäußerte Argument, als verschollen geltende oder nur noch selten vorkommende Pflanzenarten würden sich einstellen, trifft nur in wenigen Fällen zu und dürfte dann eher für wenig gepflegte Dauerbrachen relevant sein. Auch das Argument der Einsparung von Begrünungskosten bei der

Selbstüberlassung (von ca. 50,– DM/ha bei Untersaaten bis 200,– DM/ha bei Blanksaaten) ist nur vordergründig vorteilhaft. Nachteile ergeben sich bei der nachfolgenden Bearbeitbarkeit des Bodens, durch Umweltgefährdungen (Erosion, Nitratverlagerung u. a.) und Verhinderung positiver Fruchtfolgewirkungen. Mangelnder Bodenschutz ist auch im Herbst/Winter vor gezielten Frühjahrsansaaten stillgelegter Flächen gegeben. Mulchdecken aus gehäckseltem Getreidestroh vermindern diese Nachteile.

8.3 Systemgerechte Begrünung von Stilllegungsflächen (Grünbrache)

Systemgerechte, an der Fruchtfolge, an Bearbeitungsverfahren (mit/ohne Pflug), am Boden- und Umweltschutz orientierte Begrünungsbestände liefern aus acker- und pflanzenbaulicher Sicht im Vergleich zur Selbstüberlassung mit Unkrautduldung deutliche Vorteile. Grünbracheflächen erweitern Fruchtfolgen und übernehmen Funktionen, die früher der Ackerfutterbau (organische Substanzversorgung, Bodenleben, Bodenruhe, Garebildung) und heute im ökologischen Landbau das Kleegras innehat. Nur dichte Pflanzen-

Grünbracheflächen erweitern die Fruchtfolge

Tabelle 38: Prozentuale jährliche Veränderung an Kohlenstoff und Stickstoff im Boden bei verschiedenen Fruchtfolgen (nach JENNY, zit. in KAHNT, 1980, verändert)

Fruchtfolge	Relative Veränderung des	
	C-Gehaltes	N-Gehaltes
Mais-Monokultur	- 3,12 %	- 2,92
Weizen-Monokultur	- 1,44 %	- 1,56
Hafer-Monokultur	- 1,41 %	- 1,45
5-jährige Fruchtfolge ohne Kleegras	- 0,85 %	- 1,06
3-jährige Fruchtfolge ohne Kleegras	- 0,60 %	- 0,69
5-jährige Fruchtfolge mit Kleegras	+ 1,36 %	+ 0,64
3-jährige Fruchtfolge mit Kleegras	+ 3,25 %	+ 2,87

bestände mit hohen Rückständen können zu einer dauerhaften Verbesserung von Bodeneigenschaften beitragen. Kleearten und Gräser sind durch diese Merkmale gekennzeichnet und deshalb für Begrünungszwecke besonders gut geeignet. Den Boden dicht durchwurzelnde, aus stickstoffsammelnden und stickstoffbedürftigen Arten zusammengesetzte Mischbestände in über- oder mehrjähriger Nutzung liefern ei-

nen hervorragenden Beitrag zur Förderung der boden-biologischen Aktivität und der nachhaltigen Bodenfruchtbarkeit. Die nach dem Umbruch im Krumenbereich verbleibenden organischen Rückstände führen zur Humusversorgung und -anreicherung, wobei Kleegrasgemische andere Kulturpflanzen bei weitem übertreffen (Tabelle 38).

Auch Verpflichtungen der Landwirtschaft im Bereich des Boden- und Umweltschutzes sind bei der Handhabung der Flächenstilllegung zu bedenken. Die Filter- und Speicherfunktion des Bodens für Wasser und Nährstoffe sowie Abbaufunktionen für zahlreiche Stoffe aus Lufteintrag und direkte Aufbringung ist nur durch ein aktives Bodenleben zu gewährleisten. Die Förderung dieser Aufgaben ist besonders dann gegeben, wenn durch Pflanzenbewuchs und Bodenruhe die Mikroorganismen des Bodens ausreichend ernährt werden und sich entsprechend vermehren können. Die Fruchtfolgegestaltung spielt diesbezüglich eine große Rolle (Tabelle 39). Im Vergleich zu der Fruchtfolge 2 (ohne Kleegras) ergeben sich deutlich höhere Werte in Fruchtfolge 1 (mit Kleegras) bei Kennwerten der Bodenfruchtbarkeit. Dies gilt insbesondere für den Anteil an Grobporen und die Menge der Regenwürmer.

Auch macht sich der Herbizideinsatz in Fruchtfolge 1 nicht so stark bemerkbar. Ein biologisch aktiver Boden kann Herbizide besser verkraften, schneller und sicherer abbauen, so dass in geringerem Maße Rückstände in Böden und kaum Einträge in Gewässer zu befürchten sind. Die Ausbildung von Grobporen unter einer Grünbrache macht sich auch nach dem Um-

Grünbrache fördert das Bodenleben

bruch und Eingliederung in die Fruchtfolge noch lange bemerkbar. Die dadurch bewirkte Verbesserung der Wasserinfiltration und der gesteigerten Wasseraufnahmefähigkeit vermindert die Bodenerosion und verringert Phosphatverluste. Die Belastung der Oberflächengewässer mit Phosphat ist primär ein Erosionsproblem, da Phosphat gelöst und partikulär an Bodenteilchen gebunden abgeschwemmt wird. Maßnahmen zur Bekämpfung der Bodenerosion und zur Verbesserung der Wasseraufnahme in Böden sind entscheidend an der Verringerung der Gewässereutrophierung beteiligt. Grünbrachen erfüllen diese Funktion, da sie zur dauernden Bodenbedeckung beitragen, das Bodengefüge verbessern (Krümelstabilität, Verhinderung von Schlämmkrusten), durch die langfristig mögliche Beseitigung von Bodenverdichtungen den Wurzelraum aufschließen und die nutzbare Feldkapazität erhöhen.

Die Ausschöpfung verfügbarer Nitratvorräte des Bodens und deren Schutz vor Verlagerung in tiefe-

Tabelle 39: Vergleich von Bodennutzungssystemen mit und ohne Kleegras auf Kennwerte der Bodenfruchtbarkeit nach 10-jähriger unterschiedlicher Bewirtschaftung
Fruchtfolge 1:   3 Jahre Kleegras – Winterweizen – Kartoffeln – Sommergerste
Fruchtfolge 2:   Ackerbohnen – 3 Jahre Mais – 2 Jahre Winterweizen

Kennwerte der Bodenfruchtbarkeit	Fruchtfolge 1		Fruchtfolge 2	
	Herbizideinsatz (Triazine)			
	sparsam	doppelt	sparsam	doppelt
Grobporen	100	91	69	60
Menge der Regenwürmer	100	109	48	34
Bodenatmung (CO_2)	100	87	88	71

nach Keller, E. R. et al. 1987, Landfreund 7

re Bodenschichten und das Grundwasser kann mit gut installierten Pflanzendecken auf Brachflächen sicher gewährleistet werden. Da nicht gedüngt werden darf, sind auf Grünbrachen in der Regel nur sehr niedrige Nitratgehalte im Boden zu finden. Dies gilt auch für Kleegrasgemische, während in Reinbeständen mit Leguminosen im Spätherbst und Winter höhere Nitratwerte auftreten können. Die zeitliche Festlegung von Nitrat im Grünbracheaufwuchs ist praktisch bis zum Umbruchtermin gegeben. Auch der nach dem Schröpfen aus dem Pflanzenmaterial freigesetzte Stickstoff dürfte durch den Neuaustrieb der Pflanzen nicht der Verlagerung unterliegen. Eine verstärkte Nitratfreisetzung ist erst nach Einarbeitung der organischen Masse in den Boden zu erwarten. Die Mineralisationsprozesse werden durch frühe Narbenzerstörung und Einmischung in den Boden, gute Durchlüftung, ausreichend Temperatur und Feuchtigkeit sehr stark gefördert, wodurch hohe Nitratgehalte im Boden zu Beginn der winterlichen Auswaschungsperiode gefördert werden. Damit ergibt sich die Möglichkeit einer gesteuerten Nitratfreisetzung durch die Wahl geeigneter Umbruchverfahren und Einarbeitungstermine. Auf trockenen Standorten ist zusätzlich der Wasserverbrauch wachstumsfähiger Pflanzenbestände im Herbst auf Grünbracheflächen zu beachten. Ein früher Umbruch spart Wasser und sichert die Auffüllung der Feldkapazität zum Vorteil für die Folgekultur. Diese Aspekte sind in der Fruchtfolgegestaltung zu berücksichtigen.

8.3.1 Pflanzenarten für Grünbracheflächen

Für die gezielte Begrünung stillgelegter Ackerflächen stehen eine Reihe verschiedener Pflanzenarten mit spezifischem Sortenangebot zur Verfügung. Je nach Zeitpunkt (Herbst, Frühjahr, Untersaat) und Zielsetzung der Begrünung (ein-, über-, mehrjährig, biologische N-Bindung, Nematodenbekämpfung u. a.) müssen geeignete Arten und Sorten sowie Saatgutgemische ausgewählt werden. Weiterhin besteht die Möglichkeit, vorhandene Futter- oder Grassaatgutvermehrungsflächen in die Stilllegung zu überführen. Wichtig ist, dass von den Grünbrachebeständen verschiedene Vorgaben erfüllt werden, die sich wie folgt formulieren lassen:

- möglichst vollständige, dichte Bodenbedeckung
- gute unkrautunterdrückende und -verdrängende Wirkung
- weitgehende Selbstversorgung mit Stickstoff über dem Standort angepasste Leguminosenanteile
- bei hohem bodenbürtigen N-Angebot Abschöpfung des Stickstoffpools
- möglichst keine Förderung von Infektionspotenzialen für Pilz-, Virus- und Bakterienkrankheiten sowie tierische Schaderreger
- die Bodenbearbeitung nach Beendigung der Grünbrache darf nicht unnötig erschwert werden
- Mulchtermine sollten variabel zu handhaben sein durch spätes Erreichen der Samenreife der Brachepflanzen

Es besteht die Möglichkeit Grassaatgutvermehrungsflächen in die Stilllegung zu übernehmen

- üppige Bestände mit hoher Biomasse sind weniger erwünscht
- der Verlauf der Nitratfreisetzung nach Umbruch muss für die Folgekulturen Vorteile bieten und damit auch für die Umwelt
- in den Folgekulturen dürfen keine erhöhten Kosten und größere Probleme im Bereich des Pflanzenschutzes auftreten
- eine gewisse Vielseitigkeit im Artenspektrum ist erwünscht
- hohe Rückstände an organischer Wurzelmasse verbessern die Humusversorgung
- Grünbrachen sollten fruchtfolgesanierende Effekte aufweisen.

In der Tabelle 40 sind die für eine gezielte Begrünung unterschiedlicher Dauer in Frage kommenden Kulturpflanzen nach Artengruppen aufgeführt. Deutsches Weidelgras (mit späten Sorten) und Weißklee werden meist im Gemisch für ein- bis mehrjährige Stillegungsflächen verwendet, Rotschwingel ist wegen seiner Robustheit und geringem Pflegeaufwand, aber langsamer Jugendentwicklung prädestiniert für Dauerbrachen. Einjähriges und Welsches Weidelgras eignen sich besonders durch die Weiterführung der Flächen aus dem Futterbau, die übrigen Gräserarten werden meist in Mischungen für Dauerbrachen verwendet. Bei der Auswahl der Arten ist immer zu überlegen, ob die Pflanzenbestände vor und/oder nach dem Verpflichtungszeitraum der Flächenstilllegung einer zusätzlichen kostengünstigen Nutzung zugeführt werden können. Dementsprechend ist dann das Pflegeprogramm zu gestalten.

Leguminosen sollten grundsätzlich in Ansaatmischungen berücksichtigt werden, um die Bestandsentwicklung über die biologische Stickstofffixierung zu begünstigen und die Artenvielfalt (Blühaspekt) zu erhöhen. Während Weißklee häufiger in Reinsaat verwendet wird, werden die übrigen Kleearten meist als Mischungspartner eingesetzt. Von Vorteil ist die Schröpfverträglichkeit bei allen Gräsern und Kleearten,

Tabelle 40: Übersicht über Pflanzenarten für die Begrünung stillgelegter Ackerflächen in Abhängigkeit von der Zeitdauer (Rotations-/Dauerbrache)

Pflanzenarten	Begrünungsdauer/(Aussaat [1])		
	einjährig	überjährig	mehrjährig
Gräser			
Deutsches Weidelgras	H, F, U, B	H, F, U, B	H, F, U, B
Bastardweidelgras	H, F, U, B	H, F, U, B	H, F, U, B
Welsches Weidelgras [2]	H, F, U, B	H, F, U, B	–
Einjähriges Weidelgras [2]	H, F, B	–	–
Rotschwingel	–	H, F, U, B	H, F, U, B
Schafschwingel	–	–	H, F, U, B
Wiesenschwingel	–	–	H, F, U, B
Knaulgras	–	–	H, F, U, B
Lieschgras	–	–	H, F, U, B
Leguminosen			
Weißklee	H, F, U, B	H, F, U, B	H, F, U, B
Rotklee	H, F, U, B	H, F, U, B	–
Inkarnatklee	H, F, U, B	H, F, U, B	–
Perserklee	F, B	–	–
Alexandrinerklee	F, B	–	–
Grobleguminosengemenge [3]	F, B	–	–
Kreuzblütler			
Weißer Senf	F, B	–	–
Ölrettich	F, B	–	–
Winterraps	F, B	–	–
Winterrübsen	F, B	–	–
Sommerrübsen	F, B	–	–
Sonstige			
Phacelia	F, B	–	–
Buchweizen	F, B	–	–

1) H= Herbstaussaat, F= Frühjahrsaussat, U= Untersaat, B= Blanksaat
2) meist Weiterführung von Futterpflanzenbeständen
3) Wicken, Erbsen, Ackerbohnen, Lupinenarten

U. a. bietet sich Senf für die einjährige Begrünung stillgelegter Ackerflächen an

die bei Grobleguminosen und auch bei den Kreuzblütlern, Phacelia und Buchweizen nicht gegeben ist. Senf, Ölrettich und Sommerrübsen zeigen aufgrund der Langtagreaktion bei Frühjahrsaussaat eine sehr starke Stängelbildung und Blühneigung, die zu relativ frühen Mulchterminen führen. Die Beimischung von Perser- oder Alexandrinerklee gewährleistet nach den Kreuzblütlern die Bodenbedeckung bis zum Umbruch vor der Folgekultur. Winterraps und Winterrübsen wachsen bei Frühjahrsaussaat dagegen nur vegetativ (keine Vernalisation). Der relative Stickstoffmangel reduziert aber auch hier die Pflanzenentwicklung, so dass Kleearten (Weißklee, Rotklee u. a.) zugemischt werden sollten.

8.3.2 Saatgutmischungen und Ansaathinweise für Grünbracheflächen

Ansaatmischungen für Grünbracheflächen sind im Handel erhältlich. Wichtig ist, die nach Standort, Stickstoffverfügbarkeit, Dauer der Stilllegung und Pflegeaufwand geeignete Mischung auszuwählen. Mischungsbeispiele in Tabelle 41 vermitteln eine Übersicht. Am kostengünstigsten sind Untersaaten in Ge-

Tabelle 41: Ansaatmischungen* für die gezielte Begrünung stillgelegter Ackerflächen in Form der Rotations- oder Dauerbrache

Pflanzenart	Arten und -kombinationen (kg/ha)					
	1	2	3	4	5	6
Deutsches Weidelgras	13,5	9	15			4,5
Rotschwingel				10		4,5
Knaulgras					13	
Schafschwingel						4,5
Wiesenschwingel		4,5				
Weißklee	1,5				2	1,5
Rotklee		1				
Inkarnatklee		0,5				
Saatstärke	15	15	15	10	15	15

* Die Mischungen können je nach Standort (trocken z. B. Knaulgras, feucht Dt. Weidelgras), Kleeanteil und Zielsetzung (Nachbau, Umbruchtermin, N-Freisetzung u. a.) ausgewählt werden. Örtliche Erfahrungen/Empfehlungen erleichtern die Entscheidung.

Beispiele:	Mischungen 1 und 2:	Leguminosenanteile erhöhen den Vorfruchtwert
	Mischung 3:	geeignet für feuchte Standorte mit hoher N-Verfügbarkeit
	Mischung 4:	besonders für Dauerbrache geeignet
	Mischungen 5 und 6	für Trockengebiete
Hinweis:	Die Sortenwahl ermöglicht eine spezielle Anpassung an die unterschiedlichen Vorgaben bei der Flächenbegrünung.	

Tabelle 42: Pflanzenarten und -gemische für die Begrünung stillgelegter Ackerflächen im Frühjahr (Auswahl)

Pflanzenarten Saatgutmischungen	Saatstärke kg/ha	Bemerkungen
Deutsches Weidelgras + Weißklee	13 + 2	für ein- bis zweijährige Grünbrache, ausdauernd, späte Grassorte verwenden, Schröpfen fördert Kleeanteil, Beweidung des nach dem 31. August gewachsenen Bestandes möglich
Phacelia + Inkarnatklee (oder Persischer Klee)	5 + 8 (+ 8)	für einjährigen Anbau, früher Mulchtermin, hoch mulchen (10-12 cm), N-Fixierung durch Klee, dichte Bestände, schnelle Entwicklung
Weißklee	10	dichte Bestände, sehr schnittverträglich, beste Bodengare, leichter Umbruch, hohe Stickstofflieferung, Gefahr der Nitratverlagerung, Umbruch im Winter oder Frühjahr vor Aussaat N-bedürftiger Kulturen
Ölrettich [1] – nematodenresistent – nicht nematodenresistent	25 20	schneller Aufgang, Stängel- und Blütenbildung, zeitig schröpfen, erneuter (schwacher) Austrieb, nach 2. Mulchtermin Bestandesbildung nicht mehr möglich
Weißer Senf [1] – nematodenresistent – nicht nematodenresistent	22 20	schneller Aufgang, Stängel- und Blütenbildung, kaum Nachtrieb nach Schröpfschnitt

1) Ölrettich und Senf sind sehr gut mit Kleearten zu kombinieren. Die Kreuzblütler reduzieren den Nematodenbesatz, die Kleearten übernehmen die Bestandesbildung nach dem Mulchen der Aufwüchse. Unkräuter (z. T. Wirtspflanzen der Nematoden) werden unterdrückt.

treide, Blanksaaten nach der Getreideernte erhöhen die Kosten durch die notwendige Bodenbearbeitung und Saattechnik. Von Vorteil ist die Begrünung bereits im Herbst, um Anforderungen des Boden- und Umweltschutzes abzusichern. Die Verfahrensweise bei Untersaaten in Getreide, Ackerbohnen und Mais ist den Ausführungen im Kapitel 6 zu entnehmen.

Die Frühjahrsbegrünung von Stilllegungsflächen (im Verpflichtungszeitraum bis 15. Mai) ist in der Regel als Notlösung anzusehen, da die Herbstbegrünung deutliche Vorteile bietet. Dennoch können verschiedene Sachzwänge wie späte Ernte der Vorfrucht, große Strohmengen oder spezielle Verfahren der biologischen Bekämpfung von Rübennematoden der Frühjahrsbegrünung Priorität einräumen, obwohl Trockenperioden im April/Mai ein erhöhtes Risiko beinhalten. Die Auswahl der Pflanzenarten, Sorten und Mischungen (Tabelle 42) orientiert sich an

❍ der Dauer der Begrünung (Sommer, Spätherbst, Frühjahr)
❍ der Folgekultur (Winterung, Sommerung u. a.)
❍ der Fruchtfolge (z. B. Raps-, Zuckerrüben-, Maisfruchtfolge)
❍ zusätzlichen Möglichkeiten der Schaderregerbekämpfung
❍ der Verminderung des Unkrautdruckes (Pflegemaßnahmen)
❍ der Verfahrensweise der Bodenbearbeitung
❍ den spezifischen Begrünungskosten.

Je länger der Zeitraum der Begrünung vorgesehen ist (Spätherbst, Frühjahr), desto eher sind Pflanzenarten und Mischungen geeignet, die sich durch Ausdauer und Austriebsfähigkeit nach Schröpfschnitten auszeichnen; Merkmale, wie sie für Kleearten und Gräser zutreffen. Folgt Körnerraps nach der Grünbrache, so muss die Fläche spätestens im August umgebrochen werden; hier bieten sich Frühjahrsaussaaten mit kurzlebigen Arten (z. B. Phacelia, Mischungen aus Grobleguminosen u. a.) an.

In Fruchtfolgen mit Zuckerrüben in Regionen mit Auftreten der Rübennematoden *(Heterodera*

Phacelia – ideale Pflanzenart für die einjährige Begrünung stillgelegter Ackerflächen

schachtii) dürfte die Verwendung von resistenten Ölrettich- und Senfsorten zur biologischen Nematodenbekämpfung von besonderem Interesse sein. Die Stilllegung erfolgt häufig nach Zuckerrüben in der Anbaufolge Zuckerrüben Grünbrache Winterweizen Wintergerste oder ein Teil der Wintergerste wird durch Grünbrache vor Zuckerrüben ersetzt. Vorteil der Frühjahrsbegrünung mit nematodenresistenten Ölrettich- und Senfsorten ist die höhere verfügbare Temperatursumme im Vergleich zum Sommerzwischenfruchtanbau. Nach Untersuchungen von SCHLANG (1994) stehen im Rheinland (Elsdorf) ab dem 20. April 1447 °C, ab dem 20. Juli 712 °C und ab dem 20. August 418 °C (jeweils im 13-jährigen Mittel, Bodentemperatur in 10 cm Tiefe t > 8 °C) zur Verfügung. Da die Nematodenentwicklung sehr stark von der Temperatur abhängig ist, ist der Bekämpfungserfolg bei Frühjahrsaussaaten deutlich besser. Problematisch ist diesbezüglich das entwicklungsphysiologische Verhalten von Ölrettich und Senf. Beide sind Langtagpflanzen, die bei Aussaat im April/Mai sofort zum Schossen und zur Blütenbildung übergehen. Nach einem zeitigen Schröpfschnitt zur Verhinderung der Samenbildung treibt nur der Ölrettich erneut aus, bildet wieder Blütenstände und muss erneut abgeschlegelt werden. Eine dichte Bodenbedeckung bis zum Herbst und Frühjahr ist bei Reinsaat dieser Kreuzblütler nicht zu gewährleisten. Die Beimischung von einjährigen Kleearten wie Perser- oder Alexandrinerklee (Tabelle 4) ist deshalb empfehlenswert. Diese Arten übernehmen nach der Aufwuchsphase von Senf und Ölrettich die Bestandesbildung mit sehr guter Vorfruchtwirkung.

8.3.3 Bienenweide und Wildäcker

Blütenreiche Stilllegungsflächen sind nicht nur optisch ein Farbtupfer in der Landschaft, sondern auch für Bienen von sehr großer Bedeutung. Bienenweidemischungen (Tabelle 43) auf Randstreifen oder in Flächen integriert bestehen aus einer Vielfalt verschiedener Pflanzenarten mit unterschiedlichen Blühterminen vom Frühjahr bis zum Herbst. Auf Pflege-

Tabelle 43: Ansaatmischungen für großflächige Bienenweiden auf Stilllegungsflächen

Arten	Saatmenge kg/ha	Saatzeit
Deutsches Weidelgras + Weißklee	13 + 2	im zeitigen Frühjahr (Untersaat, Blanksaat)
Phacelia + Perserklee + (oder Alexandrinerklee) + (und/oder Inkarnatklee)	5 + 8 (+ 8) (+ 6)	Ende April, Anfang Mai flache Aussaat hoch schröpfen
Ölrettich + Perserklee	10 + 8	im April, Saattiefe 1 – 2 cm
Senf + Perserklee + Inkarnatklee	10 + 6 + 4	April, Anfang Mai hoch schröpfen

Quelle: Leisen, E. und J. Möllering, 1996, (verändert)

schnitte bis Ende der Blüte muss weitgehend verzichtet werden, weshalb die Aussaatflächen zu begrenzen sind. Bei großflächigen Ansaaten sind die Mischungen so zu konzipieren, dass in Etappen Pflegemaßnahmen bis Ende der Blüte zur Verhinderung des Aussamens durchgeführt werden, gleichzeitig aber auf den zuerst geschnittenen Flächen Blütenbildung erneut gewährleistet ist, meist durch kleeartige Pflanzen.

Blühende Phacelia-Bestände stellen wertvolle Bienenweiden dar

Grünbracheflächen können auch als Wildäcker die Lebensbedingungen von Wildarten verbessern. Pflanzenbestände über 60 cm Höhe vermindern Gelege- und Jungwildverluste. Kleinräumige Anbaustrukturen werden von Niederwildarten bevorzugt. Diese können durch Streifenansaaten hochwüchsiger Arten wie Senf, Ölrettich und Buchweizen im Wechsel mit niedrigwüchsigen Arten wie Kleegras geschaffen werden. Gestaffelte Pflegeschnitte werden den Äsungsansprüchen des Wildes besonders gerecht und schaffen gleichzeitig Deckungsflächen. Vorschläge für Saatgutmischungen sind in Tabelle 44 aufgeführt.

Tabelle 44: Ansaatmischungen für Wildäcker bei Frühjahrsaussaat auf Stilllegungsflächen

Arten	Mischungsbeispiele		
	1	2	3
Buchweizen	6	9	5
Senf	2	4	5
Serradella	1,5	–	–
Hafer	2	–	–
Rotklee	2	–	–
Perserklee	–	3	–
Weißklee	–	–	1
Deutsches Weidelgras	1	2	1
Winterraps	0,3	–	–
Furchenkohl	0,1	–	–
Herbst-(Stoppel-)rüben	0,1	–	–
Saatstärke kg/ha	15	18	12

Quelle: Leisen, E. und J. Möllering, 1996, (verändert)

Ein Wildacker ist kein „wilder Acker". Zwischenfrüchte bieten für Wildäcker auf Stilllegungsflächen vielfältige Alternativen

a f n

8.4 Pflege stillgelegter Ackerflächen

Die stillgelegten Flächen müssen zur Sicherstellung der nachhaltigen Nutzungsfähigkeit und zur Erhaltung eines zufriedenstellenden agronomischen Zustandes gepflegt werden. Die Ausbringung von Dünge- und Pflanzenschutzmitteln ist untersagt. Eine vorzeitige Bearbeitung der Flächen ist nur dann im Verpflichtungszeitraum der Flächenstilllegung ab dem 15. Juli erlaubt, wenn Herbstaussaaten von Ackerfrüchten, die zur Ernte im nachfolgenden Jahr bestimmt sind, vorbereitet und vorgenommen werden, sofern dies aus ackerbaulichen Gründen vor dem Ende des Verpflichtungszeitraumes 31. August erforderlich ist.

Aus acker- und pflanzenbaulicher Sicht haben Pflegemaßnahmen das Ziel, die Zusammensetzung der Pflanzenbestände auf Grünbracheflächen entsprechend dem Ansaatziel und der gewählten Saatgutmischung zu steuern. Das Aussamen von Kultur- und Unkrautpflanzen sowie von Ungräsern ist zu verhindern, um das Samenpotenzial im Boden nicht zu ergänzen. Dadurch wird steigenden Herbizideinsätzen und -kosten bei den Folgekulturen entgegengewirkt. In den Auflagen zur Flächenstilllegung ist die Pflege nicht weiter geregelt, mechanische Pflegemaßnahmen wie Mähen und/oder Mulchen können flexibel gehandhabt werden mit der Zielvorgabe, die Termine so zu wählen, dass Anforderungen wie die Unkrautunterdrückung, Vorbereitung für den Umbruch, Futternutzung für den nach dem 31. August entstehenden Aufwuchs, Wanderschäferei ab dem 15. Juli u. a. erfüllt werden. Rechtzeitiges Mulchen verhindert nicht nur das Ausreifen der Pflanzen, sondern auch eine zu üppige Entwicklung einzelner Arten (Stauden, Blüten, horstige Pflanzen u. a.), die dann sehr stark verdrängend wirken und die Qualität der Pflanzenbestände mindern. Die Beseitigung von Getreideaufschlag verringert das Infektionspotenzial für Schaderreger und verbessert den Fruchtfolgewert von Grünbrachen.

Bei systemgerechten Begrünungsmaßnahmen muss mit Hilfe der Mulchtechnik (Zeitpunkt, Häufigkeit, Schnitthöhe) versucht werden, ideale Pflanzenbestände zu entwickeln. Bei hoher Nährstoffverfügbarkeit (besonders im 1. Jahr) bilden Gräser und Kleegrasbestände häufig dichte Narben mit starken Aufwüchsen, die bei einmaligem Mulchen (Ende Blüte) zu Belastungen der Mulchgeräte, zu starker Flächenabdeckung mit Pflanzenmaterial, verzögerten Abbauraten wegen der starken Lignineinlagerung und zu Problemen bei der Zerkleinerung und Einarbeitung der Narbe beim Umbruch führen. Häufigeres Mulchen erleichtert den Arbeitsvorgang, das Pflanzenmaterial ist jünger und leichter abbaubar, die Wurzelmasse ist nicht so stark verfilzt, der Umbruch gestaltet sich leichter. Bei Kleegrasgemischen wird durch das Mulchen der Bestände der Kleeanteil gefördert, die Versorgung mit Stickstoff verbessert, der Vorfruchtwert erhöht. Weißklee ist besonders empfindlich gegen Lichtentzug und gegen das Überwachsen der Bestände.

Schlegelmäher im Frontanbau haben sich zur Pflege stillgelegter Ackerflächen bewährt

Den Zielsetzungen der Bestandsentwicklung ist auch die Schnitthöhe anzupassen (10 – 12 cm). Diese beeinflusst den Wiederaustrieb der Pflanzen über die Restassimilationsfläche. „Rasierschnitte" führen zum Verlust vieler Pflanzen (z. B. Inkarnatklee) und begünstigen die Verunkrautung und Verungrasung vorwiegend aus der Samenbank des Bodens bzw. aus Rhizomen (Quecke). Der Umbruch von Stilllegungsflächen sollte dagegen durch tieferes Mulchen vorbereitet werden. An die Pflegegeräte sind besondere Anforderungen zu stellen. Schwadablage ist nicht erwünscht, die Zerkleinerung und Verteilung des Aufwuchses über die gesamte Schnittbreite ist von Vorteil. Dadurch werden die Umsetzungsprozesse und der erneute Austrieb gefördert. Schlegelmäher im Frontanbau haben sich diesbezüglich bewährt.

Die Integration von Grünbrachen in Fruchtfolgen erfordert im Fruchtfolgeablauf vielfältige Anpassungen

8.5 Vorfruchtwert von Grünbracheflächen

Im Jahr der Flächenstilllegung ist ein wirtschaftlicher Nutzen von Grünbrachen nicht gegeben. Gezielte Begrünungen und Pflegemaßnahmen verursachen Kosten, die nur über den Vorfruchtwert kompensiert werden können. Aus der Erfahrung heraus kann festgestellt werden, dass mit Sorgfalt erstellte Pflanzenbestände mit dichten Pflanzendecken und intensiver Durchwurzelung von Unter- und Oberboden und entsprechender Aufwuchsleistung im Vorfruchtwert in der Regel befriedigen. Die Wirkung kann sich über mehrere Vegetationsperioden erstrecken, Kleegrasgemische mit langer Bodenruhe (inkl. der Zeiträume vor und nach dem Verpflichtungszeitraum der Stilllegung) sind dadurch besonders gekennzeichnet. Die Integration von Grünbrachen in Fruchtfolgen erfordert deshalb je nach Bestandsauswahl im Fruchtfolgeablauf Anpassungen

❍ im Bereich der Bodenbearbeitung (mit oder ohne Pflug, Mulchsaat)
❍ bei der Stickstoffdüngung
❍ bei der Stickstoffsicherung vor Auswaschung
❍ bei der Auflösung von Unterbodenverdichtungen
❍ bei Strategien der Unkrautregulierung.

Der Vorfruchteffekt ist eine Komplexwirkung, resultierend aus
❍ der verbesserten Bodengare (Aggregatgefüge, weniger Verschlämmung und Bodenerosion, höhere Wasserspeicherfähigkeit)
❍ der biologischen Unterbodenerschließung (tiefe Durchwurzelung, Verringerung von Bodenverdichtungen, geringerer mechanischer Bodenwiderstand)
❍ der Stickstoffbindung und -freisetzung (weniger Dünger, bessere Stickstoffeffizienz)
❍ der Humusanreicherung durch langandauernde Begrünung (verbesserte Bodenfruchtbarkeit, leichtere Bearbeitung)
❍ geringere Ausbreitung von Samenunkräutern (Schröpfschnitte)
❍ verbesserte Ertragsleistung der Folgekulturen (geringere Aufwandmengen, höherer Gesundheitswert, geringeres Risiko).

In Versuchen konnten bis zu 10 % höhere Kornerträge nach gezielter Begrünung nachgewiesen werden. Im Zuckerrübenanbau ergaben sich nach Weißkleeumbruch im Frühjahr deutliche Effekte im Bearbeitungserfolg (durch Bodengare) von Grünbracheflächen und durch Einsparungen an Stickstoffaufwendungen sowie verbesserte Zuckererträge. Die Verwendung nematodenresistenter Ölrettich- und Senfsorten (Frühjahrsaussaat) vermindert den Befall der nachfolgenden Zuckerrüben mit Rübennematoden und erhöht den Zuckerertrag.

8.6 Umbruch von Grünbracheflächen

8.6.1 Nitratproblematik

Nach dem Umbruch von Grünbracheflächen können in Abhängigkeit von der eingearbeiteten oder vorher gemulchten Pflanzenmasse, dem Leguminosenanteil, der Umbruchtechnik und dem Umbruchtermin hohe Nitratmengen freigesetzt werden, die bei einem Überangebot im Herbst nicht genutzt werden können und damit ganz oder teilweise der winterlichen Auswaschung unterliegen. Eine bedeutsame Komponente des Vorfruchtwertes ist aber das Stickstoffangebot nach Umbruchmaßnahmen. Positive Effekte sind dann zu erwarten, wenn der organisch gebundene Stickstoff mineralisiert zur Verfügung steht, wenn die Folgekulturen den entsprechenden Bedarf aufweisen.

Überlegungen und Strategien zur Verminderung von Nitratausträgen aus dem durchwurzelten Bodenbereich nach Umbruch von Grünbracheflächen mit Hilfe acker- und pflanzenbaulicher Lösungsansätze sind in Tabelle 45 aufgeführt. Zwei Grundansätze bieten sich an. Nitrat kann nur dann ausgetragen werden, wenn Sickerwasser auftritt. Die Verminderung der Sickerwasserausbildung bzw. auch die Verzögerung bis in den Winter hinein kann deshalb eine Zielgröße sein. Die dazu erforderlichen Maßnahmen sind die Erhöhung der Evapotranspiration durch Pflanzenwachstum und das Verkürzen der vegetationsfreien Zeit. Der zweite Grundansatz be-

---

Tabelle 45: Strategien zur Verminderung von Nitratverlusten nach Umbruch stillgelegter und begrünter Ackerflächen

Verminderung von Nitratverlusten nach Grünbrache - Umbruch durch acker- und pflanzenbauliche Maßnahmen

1. Grundansatz	2. Grundansatz
Verringerung und zeitliche Verschiebung der Sickerwasserbildung durch	Verringerung der Nitratkonzentration im Sickerwasser durch
– Erhöhung der Wasserverdunstung (Evapotranspiration) durch intensives Pflanzenwachstum – Verzögerung des Sickerwasseranfalles durch möglichst lange Begrünung der Ackerfläche	– Immobilisierung des Stickstoffs durch Pflanzenwachstum und Mikroorganismen (Wachstumskomponente) – durch nur geringe Zeiträume verstärkter Herbstmineralisation (Zeitkomponente) – durch Verminderung des Potenzials an Mineralisationsmasse (Angebotskomponente) – spezifische Artenwahl und -kombination, weites C : N-Verhältnis (Qualitätskomponente) – durch Verschiebung des Umbruchs in Zeiten mit niedrigen Temperaturen (Temperaturkomponente) – durch Verminderung der Eingriffsintensität in den Boden (Intensitätskomponente)

steht in der Verminderung der Nitratkonzentraion im Sickerwasser und ist pflanzenbaulich besonders effektiv zu beeinflussen. Der wichtigste Schritt besteht in der Reduzierung der unproduktiven Vorwinterminneralisation, in dem der Zeitraum der Mineralisation verkürzt oder auch das Mineralisationspotenzial verringert wird. Pflanzenwachstum im Spätherbst und Winter immobilisiert mineralisierten Stickstoff. Der Umbruch bei niedrigen Temperaturen verzögert die Mineralisationsprozesse, ebenso eine geringe Eingriffsintensität in den Boden, da organische Substanz nur wenig zerkleinert und durchmischt wird (Tabelle 45). Nitratkonzentrationen im Sickerwasser können also über verschiedene Komponenten pflanzenbaulicher Art gesteuert werden.

8.6.2 Praktische Hinweise

Die Terminierung des Umbruchs von Grünbracheflächen wird im Wesentlichen vom Saatzeitpunkt der Folgekultur bestimmt. Der Grundwasserschutz vor Nitrateintrag durch unkontrollierte Nitratfreisetzung aus der organischen Masse der Grünbrache und aus der Humussubstanz des Bodens ist ein weiterer Aspekt mit hohem Stellenwert. Die Ökonomik erfordert den möglichst verlustarmen N-Transfer in die nächste Vegetationsperiode.

Pflanzenbestände werden nach Zerkleinerung und Einarbeitung in unterschiedlichem Maße je nach Bestandszusammensetzung im Boden abgebaut und mineralisiert. Die Abbaurate ist eng korreliert mit dem Lignin- und Rohfasergehalt sowie dem C/N-Verhältnis. Pflanzenmassen mit engem C/N-Verhältnis (Grünmasse 10 – 15 : 1) und niedrigem Rohfasergehalt werden schneller, mit weitem C/N-Verhältnis (Stroh 80 – 100 : 1) und hohem Rohfasergehalt langsam im Boden mineralisiert. Grobleguminosen und Kleearten werden in der Regel schnell, Gräser und hierbei insbesondere die Wurzelmassen werden deutlich langsamer im Boden abgebaut; ausdauernde Grasbestände der Grünbrachen (Deutsches Weidelgras, Rotschwingel, Knaulgras u. a.) sind allgemein als „umsetzungsträge" einzustufen. Diese Zusammenhänge bewirken, dass in Abhängigkeit

Zwischenfrüchte vermindern Nitratverluste durch intensive Stickstoffaufnahme

von den Grünbrache-Pflanzenbeständen und dem gewählten Umbruchtermin unterschiedliche Nitratmengen im Zeitablauf freigesetzt werden, die bei zu frühen Umbruchterminen im Sommer und Herbst der winterlichen Auswaschungsgefahr unterliegen oder bei langsamer Freisetzung im Frühjahr (in Abhängigkeit von der Bodentemperatur) und Sommer von der Folgekultur besser im Rahmen der Nährstoffversorgung genutzt werden können. Ein Beispiel für das mögliche Ausmaß der Nitratfreisetzung nach Umbruch unterschiedlich lang begrünter Ackerflächen enthält Tabelle 46. Die geringsten Nitratwerte vor Umbruch sind bei der Aussaat von Deutschem

Tabelle 46: Nitratgehalte (kg/ha NO_3-N) im Boden nach Umbruch von Rotationsbracheflächen (1988 – 1991) und einer vierjährigen Dauerbrache (1991), Umbruch Ende August, Nachbau von Wintergerste

Verfahren der Begrünung	Rotationsbrache		Dauerbrache	
	Herbst	Frühjahr	Herbst	Frühjahr
ohne Ansaat	42	26	95	71
Deutsches Weidelgras	20	19	63	50
Knaulgras + Weißklee	24	21		
Dt. Weidelgras + Weißklee	50	45	361**	171
Kleegemenge*	59	65	289	103

* Rotklee, Weißklee, Schwedenklee ** fast nur Weißklee
Quelle: Landwirtschaftskammer Westfalen-Lippe, Bericht über Feldversuche 1992, (Dr. Leisen) (verändert)

Weidelgras festzustellen, dies gilt auch für den Zeitraum nach dem Umbruch – ein Hinweis auf die „Umsetzungsträgheit" von eingearbeiteten Grasnarben. Besonders hohe Nitratwerte sind nach Kleegras und Kleegemenge-Umbruch zu finden, vor allem nach längerer Begrünungszeit. Dieses dürfte im Falle des Kleegrasanbaues auf die Zunahme des Weißklees zurückzuführen sein. Aus Gründen des Grund- und Trinkwasserschutzes vor Nitrateintrag ist deshalb die Verwendung von Leguminosen bei frühem Umbruchtermin (vor Wintergetreide) kritisch zu bewerten, reine Grasbestände verursachen deutlich geringere Nitratprobleme.

Aus diesen Zusammenhängen heraus ist es sinnvoll, den Umbruchtermin möglichst spät und möglichst nahe am Saattermin der Folgefrucht (z. B. Winterweizen) zu orientieren, um die unproduktive Vorwinter-Mineralisation möglichst einzuschränken.

Folgt nach Grünbrache eine Frühjahrsaussaat mit Rüben, Mais oder anderen Frühjahrskulturen, sind Umbruchtermine im Herbst wenig zweckmäßig. Eine Einarbeitung der Grünbrache-Rückstände im Verlauf des Winters oder deutlich vor der Aussaat (bei Mais) führt zu einer Nitratfreisetzung, die dem Verlauf der Nährstoffaufnahme der Folgekulturen besser angepasst ist.

Abweichungen von dieser groben Richtlinie ergeben sich durch spezifische Standortbedingungen, die zu entsprechenden Maßnahmen führen (schwere Tonböden, Pflugfurche im Spätherbst; Lösslehmböden mit Rübenanbau und geringer Gefahr des Nitrataustrags können im Winter gepflügt werden; auf Sandböden mit hoher Austragsgefahr muss die Einarbeitung spät erfolgen).

Das Festhalten von Nitrat im Anbausystem und der Schutz des Grundwassers vor Nitrateintrag sind für die ökonomische Leistung der Grünbrache (Vorfruchtwert) von großer Bedeutung. Langfristig führt die Integration der Grünbrache zu einer deutlichen Verbesserung der Ackerkultur, erhöht die Bodenfruchtbarkeit, schafft gesündere Pflanzenbestände mit geringerem Regelungsbedarf und entspricht damit acker- und pflanzenbaulichen Zielen sowie dem Umweltschutz.

9 Literatur (Auswahl)

Anonym, 2000: Agenda 2000. Pflanzlicher Bereich. Agrarumweltmaßnahmen. Bundesministerium für Ernährung, Landwirtschaft und Forsten, Bonn, 61 S.

Apel, B., 1992: Vorfruchtwert der Brache nutzen. DLG-Mitteilungen/agrar-inform 11, 42-50

Bach, M., H.-G. Frede und G. Lang, 1997: Entwicklung der Stickstoff-, Phosphor- und Kalium-Bilanz der Landwirtschaft in der Bundesrepublik Deutschland. Gesellschaft für Boden- und Gewässerschutz e. V., Wettenberg, 77 S.

Becker, F. A. und V. Buhlmann, 1982: Gründüngung auf Sandboden. DLG-Mitteilungen, H. 10

Boguslawski, E. von, 1981: Ackerbau. DLG-Verlag, Frankfurt am Main

Fischer, D. von, 1994: Empfehlungen für den Feldfutter- und Zwischenfruchtbau sowie für die Brachebegrünung. Landwirtschaftskammer Rheinland, 17. Aufl., 58 S.

Fischer, D. von, 1992: Stillgelegte Flächen gezielt begrünen. Landw. Zeitschrift Rheinland, 33, 22

Foerster, E., 1992: Dauerbrache, Rotationsbrache: So entwickeln sich die Pflanzenbestände in drei Jahren. Landwirtschaftsblatt Weser-Ems, 7, 31-34

Frede, H. G. und St. Dabbert (Hrsg.), 1999: Handbuch zum Gewässerschutz in der Landwirtschaft. ecomed Verlagsgesellschaft Landsberg, 451 S.

Gröblinghoff, F. F. und N. Lütke Entrup, 1993: Die N-Freisetzung besser steuern. DLG-Mitteilungen/agrar-inform 1, 34-36

Heinicke, D., 1983: Eisenfleckigkeit nicht neu – aber immer wieder gefürchtet. Der Kartoffelbau, H. 9

Heinicke, D., 1999: Bei starkem Befall Ölrettich anbauen. Land und Forst 28, 10-12

Heß, J.,1990: Acker- und pflanzenbauliche Strategien zum verlustfreien Stickstofftransfer beim Anbau von Kleegras im organischen Landbau. Mitt. Ges. Pflanzenbauwiss. 3. 241-244

Hoegen, B. und W. Werner, 1998: Düngungskonzepte für viehhaltende Betriebe auf Ackerbaustandorten in Nordrhein-Westfalen. Forschungsbericht Heft Nr. 58, Universität Bonn, 55 S.

Kahnt, G., 1980: Gründüngung, DLG-Verlag, Frankfurt/Main, 146 S.

Kotzerke, K. und W. Kruse, 1992: Stillgelegte Flächen richtig begrünen. Z. top agrar 7, 60-63

Keller, R., H. Hanus und K. U. Heyland, 2000: Handbuch des Pflanzenbaues. Band 3: Knollen- und Wurzelfrüchte, Körner- und Futterleguminosen. Verlag E. Ulmer, Stuttgart

Keller, R., H. Hanus und K.-U. Heyland, 1997: Handbuch des Pflanzenbaues. Band 1: Grundlagen der landwirtschaftlichen Pflanzenproduktion. Verlag E. Ulmer, Stuttgart, 862 S.

Kersebaum, K. C., A. Lindloff und I. Richter, 1991: Stickstoffhaushalt von Ackerflächen mit temporärer Flächenstilllegung. Mitteilungen Dt. Bodenkundl. Gesellsch. 66, II, 963-966

Klapp, E., 1961: Versuche mit Feldsystemen. Z. Acker- und Pflanzenbau, Bd. 113, H. 5, 213-227

König, M., 1991: Fünfjährige Flächenstilllegung in Deutschland. AID-Informationen, 40 Jg., 44, 24 S.

Kröcher, v. C.,1992: Welche Risiken stecken in Brachen? DLG-Mitteilungen/agrar-inform 11, 46-47

Kuratorium für Technik und Bauwesen in der Landwirtschaft (KTBL), 1998: Bodenbearbeitung und Bodenschutz. Schlussfolgerungen für gute fachliche Praxis. KTBL Arbeitspapier 266, Landwirtschaftsverlag Münster-Hiltrup, 132 S.

Leisen, E. und M. Hilbert, 1992: Was soll bei Stilllegung wachsen? Landw. Wochenblatt 29, 20-21

Leisen, E., 1992: Eignung verschiedener Kulturarten für ein- und mehrjährige Grünbrache und Prüfung der Auswirkungen auf das Ertragsverhalten der Folgefrüchte (Versuchsergebnisse Landwirtschaftskammer Westfalen-Lippe. Arbeitsunterlagen DLG-Arbeitstagung 25.06.92)

Leisen, E., 1993: Grünbracheversuche. Bericht über Feldversuche der LWK Westfalen-Lippe 1992. S. 260-275

Lütke Entrup, N. und H. Schulte-Sienbeck, 1991: Zwischenfrüchte mit vielfältigem Nutzen. Saaten-Union, Hannover, 63 S.

Lütke Entrup, N. und J. Beckhoff, 1978: Gemengeanbau von Futterroggen und Welschem Weidelgras als Winterzwischenfrucht. 1. Mitteilung: Ertragsleistung und Nährstoffgehalt. Das wirtschaftseigene Futter, H. 2

Lütke Entrup, N. und J. Oehmichen (Hrsg.), 2000: Lehrbuch des Pflanzenbaues. Band I Grundlagen. Verlag Th. Mann, Gelsenkirchen

Lütke Entrup, N. und J. Oehmichen (Hrsg.), 2000. Lehrbuch des Pflanzenbaues. Band II Kulturpflanzen. Verlag Th. Mann, Gelsenkirchen

Lütke Entrup, N. und P. Zerhusen, 1993: Mais und Umwelt – eine Studie über die Umweltverträglichkeit des Maisanbaues. Probleme und Lösungsansätze. Verlag Dr. Kovac, Hamburg 50, 312 S.

Lütke Entrup, N., 1991: Zwischenfrüchte im integrierten Pflanzenbau. Auswertungs- und Informationsdienst (AID), Bonn, H. 1060, 31 S.

Lütke Entrup, N., 1992: Nach Ackerbohnen Nitrat binden und nutzen. Deutsche landwirtschaftliche Zeitschrift, 3, 86-88

Lütke Entrup, N., 1993: Grünbrache – Acker- und pflanzenbauliche Überlegungen und Hinweise zur Integration der Grünbrache im Fruchtfolgen. Deutsche Saatveredelung, Lippstadt, 73 S.

Lütke Entrup, N., Chr. Schlautmann und F. F. Gröblinghoff, 1998: Umweltverträglicher Anbau von Körnerleguminosen (Ackerbohnen) zur Extensivierung der Pflanzenproduktion durch Untersaat von Gräsern für die Herbst- und Winterbegrünung, zur Verminderung des Nitrataustrages, zum Schutz des Bodens und des Grundwassers sowie Untersuchungen zur Integration und Bewertung in Anbausystemen. Forschungsbericht, Auftrag des BML, 123 S.

Lütke Entrup, N., F. F. Gröblinghoff und G. Stemann, 1993: Untersuchungen zur Effizienz von Untersaaten in Ackerbohnen. Z. Gesunde Pflanzen, 45, H. 5, 178-182

Lütke Entrup, N., N. Brodowski und A. Dörendahl, 1998: Integration von spezifischen Begrünungsverfahren in Bodennutzungssysteme durch Untersaaten in Getreide als Bausteine umweltverträglicher Produktionsverfahren zum Schutz des Bodens und der Gewässer. Abschlussbericht des Forschungsprojektes. Förderung: Deutsche Bundesstiftung Umwelt, Osnabrück, 111 S.

Lütke Entrup, N., O. Onnen und B. Teichgräber, 1998: Zukunftsfähige Landwirtschaft. Integrierter Landbau in Deutschland und Europa. Studie zur Entwicklung und den Perspektiven. Fördergemeinschaft Integrierter Pflanzenbau, H. 14, 295 S.

Lütke Entrup, N., U. Tigges, G. Stemann und F. F. Gröblinghoff, 1994: Ökologische und ökonomische Bewertung von Untersaaten und Mulchsaaten beim Anbau von Mais im Sinne einer umweltverträglichen Pflanzenproduktion. Abschlussbericht des Forschungsprojektes, 122 S.

Maidl, X. und H. Brunner, 1998: Strategien zur gewässerschonenden Landbewirtschaftung in Bayern. KTBL-Arbeitspapier 252, Darmstadt, 230 S.

Oesau, A., 1992: Flächenstilllegung: Gefahr für Nachbarflächen? Pflanzenschutz-Praxis 4, 6-9

Pätzold, H., 1958: Dreijährige Untersuchungen über die Nachfruchtwirkung von Rotklee, verschiedenen Gräsern und Kleegrasgemischen. Zeitschrift für Acker- und Pflanzenbau, S. 50-60

Pommer, G., 1988: Die Rotationsgrünbrache als Instrument zur Verbesserung der Bodenfruchtbarkeit. Kali-Briefe, 19, 225-237

Probst, G. und M. Probst, 1982: Praktische Gründüngung. Edition Siebeneicher, Volkswirtschaftl. Verlag München, 127 S.

Ratgeber Agenda 2000: Verlagsbeilage der LZ Rheinland und des Landwirtschaftlichen Wochenblattes Westfalen-Lippe vom 10. Februar 2000, 62 S.

Renius, W., E. Lütke Entrup und N. Lütke Entrup, 1992: Zwischenfruchtbau zur Futtergewinnung und Gründüngung. DLG-Verlag, Frankfurt/Main, 244 S.

Schultheiß, U., 1991: Zur Effizienz von Untersaaten für die Begrünung von Ackerbrachen. Diss. Justus-Liebig-Universität Gießen, 174 S.

Schulze-Weslarn, K. W., 1999: Gesetzliche Grundlagen und politische Einordnung der guten fachlichen Praxis. DLG-Kolloquium 1. Dezember 1999, Manuskript

Sekera, F., 1956: Beobachtungen über Humusbildung im Boden. Phosphorsäure, Folge 3 / 4

Stemann, G., N. Lütke Entrup und F. F. Gröblinghoff, 1993: Maisanbau mit Gras-Untersaat – ein Baustein zu mehr Umweltschutz. Gesunde Pflanzen, Jg. 45, H. 5, 171-177

Vetter, H. und H. Lichtenstein, 1968: Die biologische Auflösung von Unterbodenverdichtungen. Landw. Forschung, Sonderheft 22

Pflanzenschutz Profi

CD-ROM + 3 weitere aid-Hefte zum
Bereich Pflanzenschutz + Begleitheft

Das PC-Programm ist ein interaktiv aufgebautes Lern- und Informationssystem für
Landwirte, Lehr- und Beratungskräfte, Schüler und Studenten sowie Teilnehmer
an Sachkundelehrgängen. Der gesamte Bereich „Pflanzenschutz nach guter fach-
licher Praxis" wird in 6 Kapiteln behandelt (unterstützt durch Videos, Schadbilder
und Animationen). Ein echtes Novum ist ein Suchsystem, welches das schnelle
Erkennen von Schaderregern an Getreide, Körnerleguminosen, Raps, Zuckerrüben,
Mais und Kartoffeln ermöglicht und entsprechende Bekämpfungshinweise gibt. Alle
relevanten gesetzlichen Grundlagen des Pflanzenschutzes auf Basis des neuen
Pflanzenschutzgesetzes sind ebenfalls enthalten und auszudrucken. Mit 100 Mul-
tiple-Choice-Fragen kann schließlich das erlernte Wissen überprüft werden, hier-
mit ist auch eine optimale Vorbereitung auf die Sachkunde-Prüfung möglich.

Systemvoraussetzungen: Windows 95, 16 MB RAM (empfohlen 32 MB RAM),
Soundkarte, MPEG-Karte oder Softwaredecoder, SVGA-Grafikkarte (1 MB)
Pflanzenschutz Profi: Bestell-Nr.: 5-3561 (Einzelplatzlizenz)
ISBN 3-89661-740-0; 69,00 DM, **Preise für Mehrplatzlizenzen auf Anfrage**

Von Mendel zum Gentransfer
Buch

Die Pflanzenzüchtung bediente sich bisher insbesondere bewährter konventioneller
Methoden, die auch nach wie vor das Rückgrat der Pflanzenzüchtung bilden. Das
pflanzenzüchterische Instrumentarium wird jedoch in zunehmendem Maße durch bio-
technologische Methoden – z. B. Zell- und Gewebekulturtechniken und molekular-
biologische Methoden – ergänzt. In diesem Buch werden zunächst die biologischen
Grundlagen und die klassischen Zuchtmethoden erklärt. Im zweiten Teil werden die
molekularbiologischen Methoden – bis hin zum Gentransfer – vorgestellt und deren
Einsatzmöglichkeiten in der praktischen Pflanzenzüchtung erläutert.

Von Mendel zum Gentransfer, Buch, 100 Seiten, vierfarbig, 81 Abb., 10 Tab.
Bestell-Nr.: 5-3452, ISBN 3-89661-578-5; 19,90 DM

SICHER FAHREN in der Land- und Forstwirtschaft
CD-ROM/Video/Begleitheft/Medienpaket

Das PC-Programm ist ein interaktiv aufgebautes Informationssystem; es wendet
sich an alle Verkehrsteilnehmer, Lehr- und Beratungskräfte, Auszubildende,
Praktiker, Fahrschulen u.a. Unterstützt durch zahlreiche Animationen, Videoclips
und pfiffige Spiele informiert das Programm in drei Hauptkapiteln über:
Verkehrssituationen, Führerscheine (neue EU-Führerscheine) und Technik
(z. B. Maße, Gewichte, Bremsen, Beleuchtung, Reifen etc.). Weiterhin ist die
komplette Gesetzgebung des Straßenverkehrsrechts enthalten sowie ein Übungs-
und Lernmodul mit den amtlichen Führerscheinfragen für die für landwirtschaftliche Fahrzeuge relevanten Klassen L und T. Der gleichnamige Videofilm (VHS, ca.
20 Min. Laufzeit) und das Begleitheft ergänzen die Lerninhalte der CD-ROM.

Systemvoraussetzungen: PC ab 100 MHz/Pentium; MS Windows 95; 16 MB RAM
(empfohlen 32 MB RAM); CD-ROM-Laufwerk (empfohlen 8-fach speed); Soundkarte; MPEG-Softwaredecoder; SVGA-Grafikkarte (1 MB)

SICHER FAHREN in der Land- und Forstwirtschaft
Bestell-Nr.: 5-3619 (Einzelplatzlizenz), ISBN 3-89661-850-4;
49,00 DM, Preise für Mehrplatzlizenzen auf Anfrage

Bestell-Nr.: 5-3622 (Begleitheft), ISBN 3-89661-853-9; 3,00 DM

Bestell-Nr.: 5-8463 (Video), ISBN 3-89661-868-7; 20,00 DM

Bestell-Nr.: 5-3633 (Medienpaket 12,00 DM Preisvorteil),
besteht aus: 3619, 3622, 8463, ISBN 3-89661-869-5; 60,00 DM

Bestellung

aus Deutschland: aid-Vertrieb DVG, Birkenmaarstraße 8, D-53340 Meckenheim, Tel.: (0 22 25) 92 61 46 und 92 61 76,
Fax: 92 61 18, E-Mail: Bestellung@aid.de
aus Österreich: ÖAV, Achauerstraße 49a, A-2335 Leopoldsdorf, Tel.: (0 22 35) 92 9-4 41, Fax: 92 9-4 59,
E-Mail: buch@agrarverlag.at